Heróis da Guitarra Country:

100**LICKS**CLÁSSICOS**DE** **COUNTRY**PARA**GUITARRA**

Domine 100 Licks de Country para Guitarra no Estilo dos
20 Maiores Guitarristas do Mundo

LEVI**CLAY**

FUNDAMENTAL**CHANGES**

Heróis da Guitarra Country - 100 Licks Clássicos de Country Para Guitarra

Domine 100 Licks de Country para Guitarra no Estilo dos 20 Maiores Guitarristas do Mundo

Por: LEVI CLAY

Tradução: Elton Viana
Publicado por: **www.fundamental-changes.com**

ISBN: 978-1-78933-102-8

www.fundamental-changes.com

Twitter **@LeviClay88**
Mais de 10.000 curtidas no Facebook: **FundamentalChangesInGuitar**
Instagram: **FundamentalChanges**

Para mais de 350 Aulas de Guitarra Gratuitas com Vídeos Acesse:
www.fundamental-changes.com

Copyright da Imagem de Capa: Levi Clay / Fundamental Changes

Conteúdo

Introdução

Música significa muitas coisas para muitas pessoas. Ela é um escape, uma arte, uma paixão, um trabalho, uma frustração, uma cultura e muitas outras coisas.

O aprendizado da música também possui muitas facetas, e, como músicos, é fácil sentir dificuldade nos aspectos técnicos. Apesar de a técnica ser imensamente importante para o seu desenvolvimento como músico, ela apenas lhe *prepara* para tocar música, mas não é música em si mesma. Tocar uma escala cromática por todo o braço da guitarra não é música, mas há muitas vantagens técnicas em fazer-se isso. Há muitos livros disponíveis que abordam o aspecto técnico de tocar guitarra. Não é essa a intenção desse livro, porém desenvolver a técnica será importante para dominar o conteúdo aqui apresentado.

Muitos músicos encontram dificuldades no aspecto teórico da música. Dependendo dos seus objetivos como artista, pode ser útil memorizar escalas, tonalidades, acordes, arpejos etc. Mas ainda não estamos falando sobre música de verdade, mas apenas sobre o essencial. Conhecer as opções de substituição de arpejos com acordes de sétima dominante não é música, mas pode resultar em uma escolha de notas mais consciente quando se for solar.

Penso que a música é como um idioma. Você não pode aprender a falar um idioma, se você nunca o ouviu. Você pode ser muito bom na palhetada e conhecer a escala correta para tocar em uma música composta em G — mas isso não é suficiente para soar como um músico de country! Você não pode simplesmente inventar palavras ou ignorar coisas, como a estrutura de uma sentença.

Tocar música tem a ver com entender a sua linguagem. Há apenas doze notas na música, mas cada gênero musical lida diferentemente com essas notas.

Esse livro lhe presenteia com um vocabulário autêntico de licks, exatamente iguais àqueles executados por 20 dos maiores guitarristas de country. Ele procura ensinar-lhe como músicos de country utilizam as técnicas e a teoria musical, que você talvez já conheça (preferivelmente, do meu livro best-seller: Guitarra Country Para Iniciantes!). Esse livro tem a intenção de fazer-lhe soar como um guitarrista de country de verdade.

Curiosamente, já vi muitos livros que apresentam apenas os licks, como se isso fosse a resposta para criar um bom músico. A minha intenção não é essa. Quero que esse livro seja mais do que 100 licks que talvez você aprenda e nunca mais utilize.

A solução é entender de onde esses licks vêm e como você pode utilizá-los em qualquer tonalidade e cenário. Antes de aprender os licks, vou ensinar-lhe a minha forma de memorizar esse vocabulário musical. Então, quando você tiver dominado todos esses licks, aprenderemos alguns solos que os adaptam em sons novos e frescos. De fato, 100 licks podem parecer muita coisa, mas, assim que você começar a conectar os licks e adaptá-los ao seu gosto, eles irão lhe parecer quase infinitos.

Tocar música não tem a ver apenas com tocar licks. Quando sento aqui e escrevo essa sentença, não estou apenas utilizando combinações de palavras que eu sei que funcionam. Estou expressando os meus pensamentos livremente, pois entendo a língua. Quanto mais você se desenvolver como músico, menos você irá se prender em coisas que você aprendeu. Você estará livre para tocar o que estiver na sua mente. Porém, você olhará para o passado e verá o quão bom o seu fraseado terá se tornado, por você ter aprendido a linguagem musical dos mestres.

Apresentamos vinte guitarristas nesse livro, com cinco licks no estilo de cada um. Isso não é muito para lhe informar sobre um músico, mas cada um desses artistas possui uma riqueza em músicas gravadas, que é essencial que você ouça. Afinal de contas, foi assim que desenvolvi todos esses licks!

Se você já estiver familiarizado com alguns nomes da lista, confira os outros músicos. Nunca se sabe, você pode encontrar mais 100 licks que você desejará aprender! A ordem para a apresentação dos guitarristas é a ordem alfabética, visto que não há um nível claro de dificuldade. Alguns deles tocam coisas que são incrivelmente simples e em seguida tocam algo que poderia fazer o seu cérebro fervilhar — portanto estude o que lhe interessar.

O conselho final é que você internalize os sons desses licks. Isso significa não apenas tocar as notas da partitura para que elas soem como no áudio original. Ouça o áudio de apoio diversas vezes, até que você conheça o lick completamente. Tente cantá-lo, antes de tocá-lo. Conforme você for aprendendo as ideias, foque nas notas que você estiver esperando ouvir, antes de tocá-las.

Isso pode parece um pouco esotérico e é algo um tanto desafiador de ser demonstrado. Desenvolver o ouvido é sempre o nosso objetivo nº 1. Quando o seu ouvido estiver bem desenvolvido, você será capaz de tocar qualquer solo de guitarra, você irá ouvi-lo, cantá-lo e então tocá-lo! Sei que o objetivo parece estar muito distante, mas uma jornada de 1000 quilômetros começa com o primeiro passo!

Mantenha o foco e você alcançará os seus objetivos.

Boa sorte!

Nota sobre a Tonalidade da Guitarra

Em vez de gastar horas criando um tom único para cada artista, a minha intenção foi criar um som básico que fosse acessível para qualquer pessoa. Dessa forma, você adquire uma ideia sobre como incorporar o som de cada guitarrista na sua própria música e torná-lo único.

Com exceção dos exemplos de Jerry Reed, que foram gravados no meu violão de nylon Godin Multiac, cada exemplo foi gravado com uma guitarra relativamente barata, a Fender Mexicana Road-Worn Telecaster (com captadores Joe Barden de Danny Gatton).

Para amplificação, utilizei um modelo do Dr Z MAZ 18NR no meu Kemper Power Rack. Apesar de esse último kit não ser barato, a ideia foi replicar um amplificador de som limpo que emitisse um leve drive, quando tocado um pouco mais forte. Qualquer amplificador no estilo do Vox irá lhe servir bem. No entanto, se você quiser alcançar o meu tom, os produtos estão disponíveis no site oficial do Dr. Z Amplification. Ao gravar os áudios para este livro, não tínhamos a intenção de alcançar uma tonalidade de um milhão de dólares, mas sim de criar algo que fosse acessível para qualquer pessoa.

Gravei os exemplos mais lentos na velocidade exigida. Qualquer exemplo que seja um pouco mais rápido é tocado lentamente primeiro, antes de ser tocado na velocidade original.

Acesse os Áudios

Os arquivos de áudio para este livro estão disponíveis para download gratuitamente em: **www.fundamental-changes.com**, e o link está canto superior direito. Simplesmente selecione este título no menu e siga as instruções para ter acesso ao áudio.

Recomendamos que você baixe os arquivos diretamente no seu computador, não no seu tablet, e extraia-os lá antes de adicioná-los à sua biblioteca de mídia. Você pode colocá-los no seu tablet, iPod ou gravá-los em um CD. Na página de download há um PDF de ajuda, e também oferecemos suporte técnico via formulário.

Kindle / Leitores de livros digitais

Para extrair o máximo deste livro, lembre-se que você pode tocar duas vezes na imagem para aumentá-la. Desative o "modo coluna" e segure o seu Kindle no "modo paisagem".

Para mais de 350 Aulas de Guitarra Gratuitas com Vídeos Acesse:
www.fundamental-changes.com

FB: **FundamentalChangesInGuitar**

Instagram: **FundamentalChanges**

Capítulo Um: Como Aprender Esses Licks

Como mencionado na introdução, certificar-se de ser capaz de utilizar os licks desse livro sempre que possível é a razão principal para aprendê-los.

O problema da guitarra é que é muito fácil colocar os dedos onde a tablatura indica e satisfazer-se com isso. Essa abordagem é excelente se você quiser fazer covers de músicas, uma vez que os resultados aparecem rapidamente. Se você deseja alcançar um nível mais alto, você precisa entender o *contexto* desses licks e como você pode utilizá-los ao seu favor sempre que quiser.

O lick a seguir é algo que você poderá dominar rapidamente. A questão é: Quão rápido você pode tocá-lo em Bb? Ou em Eb?

Exemplo 1a:

Isso pode parecer uma tarefa difícil, mas ela se torna incrivelmente fácil, tão logo você aprenda como executá-la.

Para mim, a forma mais rápida de entender o lick é a partir de um sólido conhecimento do sistema CAGED. Há muita informação disponível e detalhada sobre o assunto, mas você aprenderá o necessário nesse livro.

O meu sistema é muito simples: Tônica > Acorde > Arpejo > Escala > Vocabulário Musical.

Logo, se vejo uma tônica, posso ver um acorde. Se vejo um acorde, posso ver um arpejo. Se vejo um arpejo, posso ver uma escala. Se vejo uma escala... bem... posso tocar qualquer coisa.

O lick que você aprendeu previamente se encaixa no desenho de A do sistema CAGED, o que significa que ele se baseia no acorde a seguir.

G7 (A shape)

Esse desenho é o de um acorde aberto de A (A7, nesse caso), movido até a 10ª casa com uma pestana.

Posso encontrar esse acorde em qualquer tonalidade, pois sei que a tônica está na corda Lá. Assim, se preciso do acorde de C7, movo o desenho até a 3ª casa (visto que na 3ª casa da corda Lá está a nota C). Se eu precisar tocar o E7, movo o desenho até a 7ª casa (visto que na 7ª casa de corda Lá está a nota E).

Dessa forma, você pode aprender a tocar esse lick em qualquer lugar no braço da guitarra. O lick do primeiro exemplo começa abordando a nota da corda Si (a terça do acorde), em um semitom abaixo.

Aqui está o mesmo lick, mas antes de executá-lo toquei o acorde, como ponto de referência da localização do lick em relação a um desenho de acorde que eu tenha em vista.

Exemplo 1b:

Aqui está o mesmo lick, mas transposto para o acorde de C7.

Exemplo 1c:

Aqui está o mesmo lick, mas transposto para ser tocado com o acorde de E7.

Exemplo 1d:

Aqui está outro lick baseado no desenho de acorde já mencionando, mas agora com o G7.

Exemplo 1e:

E aqui está o mesmo lick, mas transposto para incorporar o acorde de D7.

Exemplo 1f:

Agora, você pode estar olhando para esse lick e pensando: "Mas ele começa com uma nota de fora do acorde, seguida por uma nota de aproximação e por uma nota do acorde!". É aqui que começa a visualização dos arpejos e escalas.

Um arpejo consiste das notas de um acorde, tocadas melodicamente. As notas do acorde de G7 são G, B, D e F e podem ser tocadas em ordem com base nesse desenho de acorde. Elas são dispostas assim:

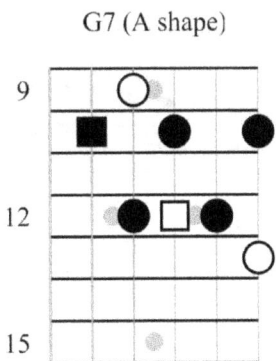

G7 (A shape)

Aqui está a mesma ideia tocada como um exemplo musical, precedida pelo desenho do acorde, no qual ela é baseada.

Exemplo 1g:

O arpejo é o som melódico do acorde na sua forma mais pura. É possível tocar melodias que soarão bem com o acorde, utilizando apenas essas notas.

Uma escala contém outras notas e as adicionei entre essas notas do arpejo, logo o G7 (G, B, D, F) se torna o modo mixolídio de G (G, A, B, C, D, E, F). Aqui está a escala apresentada como um diagrama:

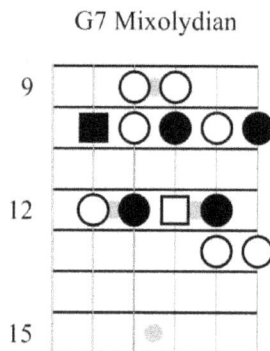

Aqui está a mesma ideia tocada como um exemplo musical, precedida pelo desenho do acorde, no qual ela é baseada.

Exemplo 1h:

A partir daqui, é com você decidir como você visualizará o lick mostrado anteriormente. Você pode vê-lo como tendo início no 9º grau da escala ou em um tom abaixo da terça.

Dedique um tempo para dominar essa relação de acorde, arpejo e escala e então adicione alguns licks próprios, antes de ir para os próximos licks.

Daqui em diante, tudo tem a ver com apreender as cinco outras posições do sistema CAGED.

Aqui está um acorde de G7, que talvez você já conheça. Ele é baseado no desenho de C. A tônica está na corda Lá, da mesma forma que no desenho anterior, mas é tocada com o dedo 3.

G7 (C shape)

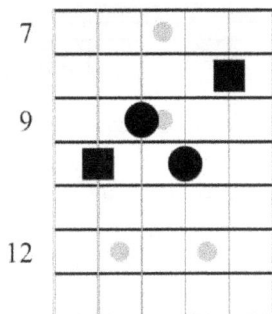

Quando você estiver confortável tocando esse acorde, aprenda o arpejo abaixo.

G7 (C shape)

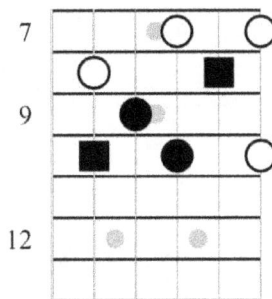

E aqui está a escala presente na mesma área do braço da guitarra que estamos abordando.

G7 Mixolydian

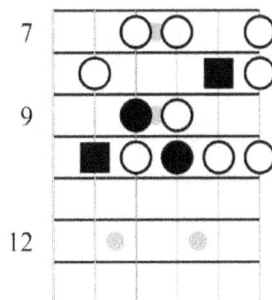

Finalmente, aqui está um lick que você pode tocar nessa área do braço da guitarra.

Exemplo 1i:

Aqui está o mesmo lick, mas tocado sobre o acorde de Bb7.

Exemplo 1j:

Apresentados abaixo, estão os diagramas de acordes para os desenhos de E, G e D. Eles são as suas formas essenciais para consulta. Se você quiser ir mais a fundo nesse conceito, o livro Guitarra Country Para Iniciantes é um bom lugar para começar, visto que você aprenderá esse conceito e muito mais.

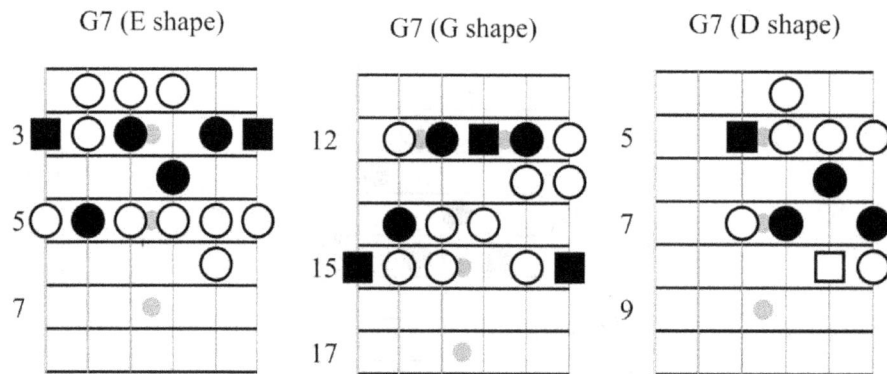

G7 (E shape)

G7 (G shape)

G7 (D shape)

Capítulo Dois: Albert Lee

Considerado um dos pais da guitarra country moderna, nunca é demais falar da influência de Albert Lee. O seu estilo faz parte do DNA de quase todo guitarrista conhecido que veio depois, o que é um tanto irônico, quando pensamos que uma das maiores influências do country moderno não nasceu em uma terra de rodeios e chapéus de cowboy, mas sim em Herefordshire, Inglaterra!

Nascido em 1943, Albert Lee cresceu em uma época na qual o rock and roll era toda a fúria da juventude. Qualquer fã de country dir-lhe-á que você precisa apenas observar os músicos que foram influentes durante essa época para perceber que alguns dos maiores nomes são da guitarra country. Simplesmente, pesquise sobre os guitarristas com os quais Elvis Presley trabalhou e você encontrará Scotty Moore e dois outros guitarristas abordados nesse livro: James Burton e Jerry Reed. Todos eles tiveram influência sobre o jovem Albert Lee.

Após alcançar algum sucesso no Reino Unido, ele se mudou para Los Angeles, onde trabalhou como músico de sessão, até ser convidado a tocar na banda de Emmylou Harris como substituto de ninguém menos do que James Burton. A partir daí, a sua carreira deslanchou, tendo trabalhado por cinco anos na banda de Eric Clapton e por quase duas décadas com o Everly Brothers, além de ter trabalhado com muitos outros artistas.

Como artista solo, Albert Lee já gravou 15 álbuns de estúdio e possui, além disso, vários álbuns ao vivo e vídeos instrucionais. É muito fácil começar a estudar e tornar-se familiar com o seu estilo feroz, mas o álbum autointitulado de 1982 é um bom lugar para começar.

Diferentemente da maioria dos músicos de country, o som característico de Albert Lee se tornou mais associado à configuração "falsa" dos captadores da stratocaster da ponte e da posição central, na guitarra Music Man, assinada por ele. O seu estilo é cheio de intensidade, com sequências em palhetada alternada que cobrem todo o braço, *banjo rolls* com palhetada híbrida e polidos licks com cordas soltas.

Não há melhor introdução à guitarra country do que Albert Lee!

O primeiro lick funciona sobre o acorde de E ou E7. Os livros de teoria musical irão lhe dizer que o modo escolhido para esse acorde deveria ser o modo mixolídio de E (E, F#, G#, A, B, C#, D). Um músico experiente de country adicionaria a quinta diminuta (Bb) como uma nota de passagem entre a quinta e quarta, junto com a terça menor (G), como uma nota de aproximação para a terça (G#).

O primeiro compasso desse lick gira em torno do desenho de A na 7ª casa e desce no braço até o desenho de C no segundo compasso. Ele termina na posição aberta (cordas soltas) no terceiro compasso.

Exemplo 2a:

O segundo lick utiliza a mesma escolha de notas do lick anterior sobre o acorde de E.

Começando com um *bend* da segunda (F#) até a terça (G#) no desenho de C, o lick move-se para a corda Mi (1ª corda) e executa um movimento cromático de A até B, para em seguida retornar à nota G (terça menor) e fazer um *slide* até a nota G# (terça). Esse movimento da terça menor para a maior é algo fundamental no som de country.

O terceiro compasso ascende com o desenho de A, ao redor da 7ª casa. A mudança de posição da 5ª casa para a 8ª casa não é fácil de executar rapidamente, portanto tente tocar na 5ª casa, corda Si, com o dedo 1 e então faça um *slide* da 8ª para 9ª casa com o dedo 3.

O lick então termina com a tônica (E) na 12ª casa, o que significa que esse curto de lick de 4 compassos abordou o braço da guitarra, da 3ª casa até a 12ª casa. Esse tipo de abordagem é parte essencial do estilo de Albert Lee.

Exemplo 2b:

O terceiro lick de Albert Lee começa utilizando as notas da "escala country" de E (E, F#, G, G#, B, C#), que pode lhe parecer similar à escala blues de C#.

O compasso um começa com a tônica (E) e uma sequência de colcheias, seguida por alguns *slides* nas terças para mover-se do desenho de G para o desenho de A, e então diretamente para baixo para o desenho de C.

O lick termina com o maior clichê de country desse livro: um *bend* inspirado na guitarra pedal steel, onde na nota da corda Si é feito um *bend*, enquanto a nota da corda Mi (1ª corda) fica estática.

Exemplo 2c:

O quarto lick parece ser inspirado na escala blues de E (E, G, A, Bb, B, D) nos três primeiros compassos, apesar de ele não tocar a nota crucial G. Portanto as notas também se ajustam no modo mixolídio de E.

O último compasso apresenta a técnica de *double-stop* de Albert Lee, executada suavemente. Utilize a palheta para tocar a nota na corda Ré, então toque simultaneamente as cordas Sol e Si, com os dedos 2 e 4. É fundamental dominar os *double-stops* para tocar bem a guitarra country, portanto dedique um tempo a essa técnica para se sentir confortável com ela.

Exemplo 2d:

O último lick vai para a tonalidade de G, para permitir o uso da corda G solta no meio desses *banjo rolls* descendentes.

A habilidade de Albert Lee em tocar esses *banjo rolls* em reverso é realmente incrível (especialmente se considerarmos que ele utiliza o dedo 4 para dedilhar a nota aguda). Encorajo-lhe a dedilhar a corda Si com o dedo 3, a corda Sol com o dedo 2 e a corda Ré com a palheta, e então repita.

A partir daqui, você só precisa se familiarizar com as mudanças de posição, visto que você precisará se mover rapidamente entre elas. Comece lentamente e aumente a velocidade com o tempo.

Exemplo 2e:

Capítulo Três: Brad Paisley

É quase impossível ignorar o sucesso meteórico de Brad Paisley. Desde o lançamento do seu primeiro álbum em 1999, ele se tornou uma das principais figuras da música country moderna, com um pacote completo de habilidades de composição, boa aparência, voz impecável e habilidades insanas na palhetada!

Nascido em West Virginia, EUA, em 1972, Brad Paisley começou a tocar guitarra desde pequeno, após ser inspirado pelo estilo de tocar do seu avô. As suas influências foram exatamente aquelas que você esperaria de um jovem músico de country, apesar de ele sempre mencionar particularmente: Buck Owens, Don Rich e Redd Volkaert.

Foi a voz de Brad Paisley que atraiu a atenção da indústria musical, mas logo ficou evidente que ele tinha talento para escrever músicas. Assim sendo, ele assinou um contrato com a EMI.

Quando o álbum Who Needs Pictures foi lançado em 1999, ele já apresentava o que seria a sua marca registrada: a habilidade de escrever uma combinação de músicas sensíveis e engraçadas, pontuadas com um estilo moderno e forte na guitarra country. Brad Paisley soa como alguém inspirado igualmente tanto por Eddie Van Halen e Eagles como por Buck Owens e Hank Williams.

Até o momento, Brad Paisley lançou 12 álbuns de estúdio, e cada um deles vale a pena ser escutado. Conforme os anos foram passando-se, ele adotou mais elementos modernos do pop nas suas músicas country dos primeiros discos. O álbum de 2005, Time Well Wasted, é considerado por muitos o balanço perfeito entre pop e country, e vale a pena escutá-lo. Se você quiser focar no seu estilo de tocar, o álbum Play de 2008, em grande parte instrumental, é uma ótima pedida.

O som de Brad Paisley vem em 99% do tempo da Telecaster, com suas guitarras preferidas sendo as da Crook Custom Guitars, com uma variedade de construções com o sistema McVay *G bender* instalado, que tem uma parte importante no seu estilo. Ele também é muito fã da sua Telecaster de 1968 pintada de rosa, apropriadamente chamada de "Velha Rosa", que possui um captador Lindy Fralin e o sistema *G bender*. É revigorante saber que Brad Paisley não tem medo de tocar e modificar uma guitarra com tanta importância histórica.

O primeiro lick apresenta alguns dos *bends* melódicos de Brad inspirados na guitarra pedal steel. Esse tipo de técnica pode exigir muito dos dedos, portanto tente evitar a sua execução em guitarras com cordas de calibre maior que 0.10 (0.9 é o ideal).

Comece com a sétima menor (F) e a terça (B) na escala de G (no desenho de A) e faça um *bend* da sétima menor até a tônica (G). No entanto, é importante manter a nota na corda Si estática. Com a corda Sol pressionada, as notas são palhetadas novamente três vezes, com um *release* gradual no final do compasso.

A partir daí, o lick é relativamente simples. Apenas se certifique de manter as notas do *bend* na altura exigida, visto que é importante que tudo esteja afinado.

Exemplo 3a:

O próximo lick apresenta o uso selvagem de cordas soltas de Brad Paisley, que é feito com um abandono quase imprudente. Licks como esse são frequentemente tocados rapidamente, significando que é possível tocar notas que não funcionariam em velocidades mais lentas. De fato, essa é uma das marcas registradas de Brad.

O compasso um parece como o desenho um da escala blues/pentatônica menor, mas com *pull-offs* das notas para as cordas Si, Sol e Ré soltas. A nota Eb de fato não deveria funcionar, mas adiciona um tempero ao lick. O lick desce no braço da guitarra para a 3ª posição, e a perspectiva muda um pouco com uma mudança para sequências em palhetada híbrida, utilizando as notas da escala pentatônica menor de G (G, Bb, C, D, F). Novamente, a nota Bb cria uma tensão agradável com a corda Si solta.

Você ouvirá ideias como essa em músicas mais rápidas de Brad Paisley, como Mr. Policeman do álbum 5th Gear.

Exemplo 3b:

O próximo lick adota uma abordagem similar à de Van Halen para tocar cromaticamente o acorde de D, começando com um lick clássico utilizando a escala pentatônica maior de D (D, E, F#, A, B), que continua com *pull-offs* nas cordas Sol e Ré soltas e desce cromaticamente no braço da guitarra para alcançar a posição aberta.

O uso de tercinas ajuda a criar uma atmosfera caótica e desordenada, mas isso só torna a resolução na nota D mais recompensadora.

O acorde final é outra ideia baseada na guitarra pedal steel, que Brad executaria com o G *bender*, mas é perfeitamente possível de ser executada sem ele. Toque as notas indicadas e, enquanto mantém os dedos 3 e 4 parados, faça um *bend* com o dedo 1 para mudar a nota, de E para F#, para criar uma bela tríade de D.

Exemplo 3c:

O próximo lick leva o conceito cromático descendente para longe da influência do rock e em direção ao jazz.

Começando com o que parece uma pentatônica menor de E, o lick desce para uma tríade de Am (A, C, E), em seguida se move cromaticamente para o Abm (Ab, Cb, Eb) e então para o G. Isso lhe dá uma linha de melodia no topo, com as notas E, Eb, D, que ata a ideia lindamente.

Após a resolução, há mais cromatismo com o desenho de A ao redor do modo mixolídio de G, que então desce para uma bela tríade de G com o desenho de C.

Há muitas notas para observarmos, mas você deve prestar atenção especial sobre como elas soam sobre o acorde de G subjacente.

Exemplo 3d:

O lick final é quase impossível de ser tocado sem os equipamentos adequados, mas não posso falar de Brad Paisley, sem incluir um lick com o *G bender*.

Um sistema de *bend* é um dispositivo mecânico, que ao se puxar a correia da guitarra aciona uma série de alavancas que eleva a corda em um tom. Ele é certamente mais empregado na corda Si. Certos modelos já são lançados com esse sistema, o que fez com que o uso do G *bend* se tornasse mais raro. A guitarra Gibson Music City Jr (que utilizei para gravar o exemplo) vem com um sistema de *bend* desenhado por Joe Glaser, que pode ir de B até G, mas outra opção é um sistema *palm bender* da Hipshot.

Comece com um *slide* da 2ª para a 3ª casa, então toque a corda Sol e utilize o seu *bend*er para puxar a corda G até a terça da escala de F (A). Também é possível alcançar esse efeito com um *bend* atrás da pestana, mas veremos essa técnica no capítulo sobre Jerry Donahue.

Com a nota mantida na posição, toque as notas das cordas Si e Mi (1ª corda), antes de fazer um *release* na nota do *bend*.

A segunda metade do lick utiliza o *bend*er nos *double-stops*. Eles podem ser tocados sem o *bend*er, porém ele adiciona algo único e mecânico com o som da guitarra pedal steel.

Exemplo 3e:

Capítulo Quatro: Brent Mason

Considerado um dos suprassumos em termos de classe na guitarra country, Brent Mason é também um dos músicos de sessão mais bem-sucedidos do mundo, tendo ganho vários Country Music Awards (CMAs) e Grammys.

Nascido em Ohio, EUA, em 1959, Brent mudou-se para Nashville tão logo lhe foi possível, pois queria fazer carreira na música. Ele ganharia fãs como guitarrista no grupo Don Kelley Band (que foi por muitos anos um desafio para muitos jovens guitarristas, incluindo Guthrie Trapp e Daniel Donato). Brent acabou atraindo a atenção de Chet Atkins e trabalhou na gravação do seu álbum Stay Tuned de 1985.

Com os passar dos anos, Brent Mason foi tornando-se *o* músico para executar trabalhos de sessão na guitarra em Nashville. A sua atitude como músico tem ajudado a moldar o som da guitarra country. Além disso, ele já trabalhou com lendas como: Alan Jackson, Shania Twain, Waylon Jennings, Dolly Parton, Olivia Newton-John, Toby Keith, Willie Nelson e muitos outros.

Como artista solo, Brent Mason já gravou: Hot Wired (1997), The Players (1999) e Smokin' Section (2006). Cada um desses álbuns é excelente e farão com que você assimile o estilo e muitas outras músicas de Brent, desde os seus álbuns até as suas trilhas-sonoras.

Como músico de sessão, o trabalho de Brent Mason exige que ele seja versátil e execute várias funções, mas o uso da dedeira para polegar (também utilizada pelo seu herói Jerry Reed) é uma grande parte do seu estilo pessoal, que lhe permite tocar apaixonadamente e conseguir aquele som animado da palhetada híbrida. A sua Fender Telecaster de 1968, na cor cinza, com três captadores e com um B *bend*er da Joe Glaser instalado, é quase tão icônica quanto o seu estilo. Apesar de ter um modelo assinado pela PRS, é difícil fazer com que Brent abandone a Telecaster. Afinal, há poucos instrumentos que executam o som de country tão bem quanto a Telecaster, com o captador da ponte tocado em um amplificador configurado no *clean*.

O primeiro lick se parece um pouco com um lick de Albert Lee (um tema comum nos licks mais rápidos de Brent), utilizando as notas do modo mixolídio de A (A, B, C#, D, E, F#, G), novamente com uma terça menor (C) e uma quinta diminuta (Eb).

Esse lick em particular utiliza a corda Mi (1ª corda) solta, para ajudar na mudança descendente de posição da 5ª casa (desenho de E) para a posição aberta (desenho de A).

Uma vez na posição aberta, cordas soltas são bastante utilizadas, antes de um movimento ascendente para o desenho de E. O uso do modo mixolídio com a terça menor e a quinta diminuta adicionada é uma parte essencial do vocabulário de qualquer músico de country famoso. Tudo tem a ver com utilizar as notas de modo autêntico.

Exemplo 4a:

O próximo lick apresenta *pull-offs* que vão para cordas soltas e tríades para executar um movimento descendente no braço. Toque a primeira nota com a palheta, então use a palhetada híbrida para tocar o *double-stop* e fazer um *pull-off* na corda Sol. As notas digitadas consistem da tríade de A (A, C#, E). Esse padrão, em seguida, é tocado em um tom abaixo, G (G, B, D), e então com o acorde aberto de A.

O segundo compasso começa com o acorde de A5, onde a nota grave (E) desce cromaticamente para Eb e depois D. Em seguida, ascende com um padrão de tercinas que é a marca de Brent.

O lick final faz um rápido movimento ascendente, tocando o acorde aberto de A, seguido pelo desenho de E (5ª casa) e então pelo desenho de C (9ª casa).

Exemplo 4b:

O próximo lick provavelmente seria tocado na vida real com um B *bend*er (certamente é mais fácil), mas o gravei sem ele.

Comece no desenho de C com um *bend* de B até C#, toque a nota F# na corda Mi (1ª corda) com o dedo 4, então palhete novamente a nota do *bend*, antes de tocar a nota da 12ª casa na corda Mi. Em seguida palhete e faça um *release* na nota do *bend*. O lick em seguida desce para o desenho de D, com um *bend* da sétima menor (G) até a tônica (A), e então toca a terça (C#) na corda Mi.

A segunda parte do lick apresenta uma tercina ascendente e alguns *double-stops*, para mover-se para baixo, do desenho de C até o de E. Como no lick anterior, você pode ter notado como Brent toca a tríade de A e então move a ideia um tom abaixo para G (na segunda metade do compasso três), antes de executar uma resolução em A novamente, na posição mais baixa (E).

Exemplo 4c:

O próximo lick demonstra quanta experiência você pode adquirir ao tocar a mesma ideia em diferentes oitavas. Comece tocando uma ideia clássica de Brent com o desenho de D, aproxime-se da terça em um semitom abaixo, em seguida descenda utilizando a quinta diminuta (b5) para conseguir um aroma de country. Então, a mesma ideia é repetida, mas em uma oitava abaixo no desenho de E.

A segunda parte do lick gira em torno do desenho de G e utiliza a corda Sol solta para ajudar na transição de volta, ascendente para o desenho de E.

Essas ideias se baseiam bastante em movimentos ascendentes e descendentes, portanto o domínio dessas posições básicas do sistema CAGED é essencial para o seu desenvolvimento futuro. Tanto Brent Mason como Albert Lee já demonstraram essa ideia nos seus vídeos de ensino musical, e, apesar de nunca terem abertamente utilizado o termo "CAGED", as suas formas de verem licks como ligados a posições de acordes é inegável.

Exemplo 4d

O último lick explora um pouco mais as grandes ideias de Brent Mason com *bends*, dessa vez nas cordas Si e Sol. O objetivo nesse lick é alcançar um som tão mecânico quanto possível (como o de uma guitarra pedal steel), portanto cada vez que você fizer um *bend*, faça-o rapidamente e precisamente.

O lick começa com um *bend* da sétima menor até a tônica e em seguida toca a terça e a segunda na corda Mi (1ª corda). Após descer no braço da guitarra para o desenho de E, um lick similar com *bend* é tocado com o desenho de G. Faça um *bend* da segunda (B) até a terça (C#), então toque a 5ª casa na corda Si e a 3ª casa na corda Mi. Isso cria o acorde de A7, portanto é importante manter o *bend* afinado.

Exemplo 4e:

Capítulo Cinco: Buck Owens/Don Rich

Buck Owens nasceu no Texas, EUA, em 1929, e foi um dos pioneiros da música country e do gênero bakersfield sound com o seu grupo, o Buckaroos. Em 1958, Buck Owens encontrou Don Rich, e eles tocaram juntos em Tacoma, Washington. No ano seguinte, Buck Owens se mudou para Bakersfield. Em 1960 Don Rick abandonou a faculdade para atuar como guitarrista no Buckaroos.

Como guitarrista, Buck Owens era muito bom, mas frequentemente ele permanecia discreto e permitia que Don Rick capturasse os holofotes. Isso lhe permitiu deixar a sua personalidade brilhar na música.

Com uma rejeição pelas produções superpolidas e arranjos cheios de cordas que vinham de Nashville, o bakersfield sound levou o country de volta às suas raízes. Muitos consideram a música Louisiana Swing de Budd Hobbs, de 1954, como a primeira música do gênero (que tinha Buck Owens na guitarra solo), mas foi somente nos anos de 1960 que o estilo estourou, quando Buck e Merle Haggard levaram o som às massas.

A música de Buck Owens tinha mais a ver com o som dos bares de honky-tonk, do que com o som vindo do Nashville. Havia um pouco de rock and roll no som do gênero, com enérgicas guitarras elétricas de som agudo e doces harmonias vocais.

Como músicos, Don Rich e Buck Owens foram influenciados por músicos de country da Grande Depressão e ritmistas de western swing. O seu estilo era mais melódico do que rápido. Para alcançar o seu som basta tocar no captador da ponte da sua Telecaster e tocar o que você quiser.

Infelizmente, Don Rich faleceu em um acidente de moto em 1974, o que lhe impediu de mostrar ao mundo o seu potencial, mas Buck Owens continuou gravando álbuns até 1991, com um total de 39 álbuns.

Uma boa forma de admirar esse duo da guitarra icônico é no álbum ao vivo de 1966, Carnegie Hall Concert.

O primeiro exemplo apresenta a intrepidez rítmica de Buck Owens, em uma sequência de palhetada alternada com semicolcheias.

Você não precisa se preocupar em atravessar todas as cordas, apenas se certifique de tocar as notas digitadas com palhetadas para baixo, nos dois primeiros compassos. Com o acorde de E maior, usa-se simplesmente as notas da escala de E maior.

Exemplo 5a:

O exemplo seguinte apresenta uma ideia em registro grave com o acorde A na guitarra solo, utilizando as notas da escala pentatônica maior de A.

O segredo aqui é conseguir um ritmo de swing e tocar as notas sincopadas com um bom ritmo. Mantenha um movimento constante da palhetada com a mão direita para manter-se no tempo.

Exemplo 5b:

O próximo exemplo é um lick rápido de Don Rick sobre o acorde de D e G.

Você perceberá que a mesma frase no desenho de C é tocada sobre o acorde de D e em seguida é movida para cima para delinear o acorde de G. É um método simples e efetivo para salientar a mudança de acorde.

Utilize a palhetada alternada nas semicolcheias e palhetadas para baixo no resto da frase.

Exemplo 5c:

Aqui está um pequeno lick um pouco mais difícil que se ajusta no desenho de C com algumas pequenas mudanças de posição.

Don Rich nesse caso inspirava-se bastante na pentatônica maior de G (G, A, B, D, E). Também há uma terça menor (Bb) adicionada para dar um tempero, dando a *vibe* da escala country de G.

Ideias como essa possuem menos rock e blues e não se ajustam em pequenos desenhos. A mão se move para onde é preciso, para tocar uma melodia agradável.

Exemplo 5d:

O último lick move-se entre o acorde de G e D.

Sobre o acorde de G, o lick parece uma ideia na pentatônica maior de G no desenho de A, e quando o acorde muda para o D a melodia descende na escala pentatônica maior de D, porém move-se rapidamente de volta para a pentatônica maior de G no último compasso.

A parte difícil aqui é acertar a mudança de posição, no entanto utilizar o acorde de G e D com pestana é uma boa forma de não se perder.

Exemplo 5e:

Capítulo Seis: Chet Atkins

Frequentemente chamado de "Mr. Guitarra", há poucos músicos que fizeram tanto pela guitarra, ou pela música country, como Chet Atkins.

Nascido em Tennessee, EUA, em 1924, Chet Atkins tocou rabeca e ukulele, antes começar a tocar violão com nove anos de idade. Quando tinha cerca de 15 anos, Chet Atkins ouviu Merle Travis pela primeira vez e começou a estudar o estilo de tocar de Merle, baseado em tocar com o polegar.

Pelos próximos 50 anos, Chet Atkins construiria um grande legado na indústria musical, atingindo a posição de Diretor de A&R de Country na RCA. Isso lhe colocou no encargo de encontrar novos talentos e ajudar a produzir os seus álbuns, função que ele executou por muitos anos enquanto lançava os seus próprios álbuns.

Até o seu falecimento em 2001, Chet Atkins havia gravado incríveis 87 álbuns solo de estúdio e colaborado ou participado como convidado em muitos outros. Ele também ajudou a impulsionar a carreira de muitos músicos como Brent Mason e Jerry Reed. Além disso, trabalhou com todo mundo na indústria da música, desde Dolly Parton até Elvis Presley e ganhou 14 Grammys.

Até hoje, fãs do mundo inteiro se juntam na convenção Chet Atkins Appreciation Society (CAAS). Ela é o lugar certo para ver-se grandes músicos de dedilhado, do country até o jazz.

O estilo de Atkins na guitarra era amplo, com influências de músicos de country, música clássica, jazz, blues e rock and roll. No entanto, ele é provavelmente mais conhecido pela técnica *Travis picking* (abordada no meu livro Método de Guitarra Country Dedilhada). Ele era um grande solista e até mesmo guitarrista clássico. Além de Merle Travis, as suas influências incluem Django Reinhardt, Les Paul e até Jerry Reed.

Devido ao grande número de álbuns, é difícil recomendar um específico, mas o álbum de 1959 "Mister Guitar" é um bom ponto de partida; ou então o álbum de 1970 com Jerry Reed: Me & Jerry.

Como mencionado anteriormente, o som de Chet Atkins é dominado pelo uso da dedeira para polegar, que lhe permite elaborar ideias fluídas no dedilhado. Com relação a guitarras, Atkins teve modelos próprios com a Gibson e Gretsch, portanto imitar o seu som é simplesmente uma questão de utilizar qualquer guitarra semioca, com um tremolo Bigsby e um pedal com slapback delay.

O primeiro lick é um lick clássico com cordas soltas que delineia a escala de G maior.

Essa ideia é muito simples. Comece na nota G tônica e descenda na escala utilizando cordas soltas onde for possível. Você também notará que a escala foi digitada de tal modo que permita que as notas soem tanto quanto possível.

É possível fazer isso em qualquer escala que contenha uma combinação de notas com cordas soltas e digitadas, no entanto as escalas de C, D, G, A e E são provavelmente as mais comuns.

Exemplo 6a:

O próximo exemplo apresenta pequenas palhetadas nos acordes para criar um som grandioso.

Mantenha o acorde pressionado (A maior com o desenho de C) e faça um abafamento nas cordas da parte de baixo do braço. Em seguida, toque as cordas Lá, Ré e Sol e não deixe que elas soem alto. Em seguida, mova-se para as cordas Sol, Si e Mi (1ª corda) e então repita o processo. Tudo isso é então pontuado com uma melodia nas cordas Si e Mi (1ª corda) utilizando terças.

Quando o acorde mudar para D, o padrão de palhetada continua o mesmo, enquanto a mão esquerda muda de posição. Você fará assim o acorde de D no desenho de E.

Exemplo 6b:

Esse lick é um lick clássico de country com salto de cordas utilizando sextas. A ideia é que você toque uma sexta diatônica nas cordas Sol e Mi (1ª corda), por exemplo, na 16ª casa na corda Sol e Mi (1ª corda), e então se mova cromaticamente em um tom abaixo para a nota grave.

Essa ideia desce no braço da guitarra, mantendo as sextas diatônicas básicas do modo mixolídio de E.

Para executar esse lick, alterne entre palheta, dedo 1, palheta e dedo 2. Pode levar algum tempo até você dominar essa técnica, mas ela é essencial para tocar rapidamente com a dedeira para polegar.

Exemplo 6c:

O próximo lick apresenta Chet Atkins digitando acordes de quatro notas e movendo-se entre eles para criar ideias melódicas excitantes.

O segredo para dominar o *sweep picking* é deixar a mão relaxada apoiando (toque com descanso). Você não apenas toca a corda Ré, em vez disso você empurra a palheta através da corda para que ela chegue na corda Sol. Agora você está pronto para empurrar a corda Sol e chegar na corda Si etc.

Tente não permitir que as cordas soem umas sobre as outras e mantenha um ritmo definido.

Exemplo 6d:

O último lick (frequentemente conhecido como "super lick") demonstra o quão fora de série Chet Atkins era.

Arpejos com *sweep picking* são frequentemente considerados como técnica de músicos de metal, no entanto, na era YouTube se tornou mais fácil para nós assistir e ouvir coisas de anos atrás. Um dos vídeos mais populares dos últimos anos é uma apresentação clássica de Chet Atkins e Jerry Reed, onde Chet Atkins toca incríveis arpejos descendentes e ascendentes em 5 cordas com o *sweep picking*… quase uma década antes de músicos como Yngwie Malmsteen ou Frank Gambale terem iniciado essa prática.

Como no exemplo anterior, é essencial que você utilize a mesma técnica de palhetada quando for tocar o padrão descendente. A melhor forma de fazer isso é virar a palheta em ângulo, de tal modo que ela fique na posição oposta da posição utilizada na ideia ascendente.

Exemplo 6e:

Capítulo Sete: Danny Gatton

Nascido em Washington, D.C., EUA, em 1945, Danny Gatton construiria uma base *cult* de fãs na cena *underground*, como um dos maiores guitarristas desconhecidos. A habilidade de Danny Gatton era tão incrível que ele ganhou o apelido de *"The Humbler"*.

Danny Gatton pode parecer uma escolha estranha para um livro como esse, visto que ele não era realmente um guitarrista de country. Frequentemente ele é considerado como parte do country pelas pessoas que não estão muito familiarizadas com o seu estilo (talvez devido ao fato de ele tocar uma Telecaster bem desgastada!), mas a verdade é que o estilo de Danny Gatton está mais alinhado com o rockabilly e jazz do que com o country.

Dito isso, ele claramente tinha uma sensibilidade para o country, com uma técnica de palhetada híbrida incrível à sua disposição para tocar *banjo rolls* rápido. Ele também não desconhecia a técnica *Travis picking*, no entanto ele a executava com uma palheta e os dedos.

Danny Gatton cometeu suicídio em 1994. Até aquela data, ele tinha 9 álbuns lançados, e desde a sua morte mais 11 álbuns foram lançados oficialmente. Como seus álbuns são diversos, cada um deles tem uma *vibe* levemente diferente. O seu álbum de estreia em uma grande gravadora, 88 Elmira St, de 1991, ou o álbum de 1993, Cruisin' Deuces, são um bom ponto de partida.

Os que mais gosto pessoalmente são: o seu álbum de 1978, Redneck Jazz, e os dois álbuns ao vivo Redneck Jazz Explosion, que apresentam Danny tocando com Buddy Emmons na guitarra pedal steel.

O álbum de 1994, Relentless, é outro ponto alto, com Danny iniciando 9 faixas com Joey DeFrancesco no órgão.

Como mencionado previamente, na maior parte da sua carreira Danny utilizou a Telecaster (especificamente, a Fender Telecaster de 1953) e um modelo de guitarra assinado por ele. Ele também utilizou uma Les Paul com efeitos montados no corpo da guitarra e feitos em casa (a *dingus box*), mas ele parou de utilizá-los quando o dispositivo começou a ganhar o apelido de "Acessório de Danny". Para alcançar o som de Danny é necessário estar confiante com o captador da ponte da Telecaster, principalmente porque Danny utilizava um conjunto de captadores assinado por Joe Barden, que é conhecido pela sua qualidade aguda.

O primeiro lick demonstra o uso da palhetada híbrida por parte de Danny para executar os *banjo rolls*.

Toque a primeira nota e faça um *hammer-on* na segunda nota. Esse processo é então repetido, antes de se dedilhar a corda Mi (1ª aguda) com o dedo 2. Em seguida, utilize a palheta e os dedos 2 e 4 para executar um *banjo roll* adiante nas cordas Sol, Si e Mi (1ª corda).

Danny frequentemente tocava a corda Mi, conforme ele fazia um *hammer-on* na corda Sol, mas isso é algo muito complexo que vou deixar para o *The Humbler*!

Exemplo 7a:

Aqui está outro exemplo da palhetada híbrida de Danny, dessa vez utilizada para executar o tipo de ideia que Chet Atkins utilizaria com o *sweep picking*.

Toque a nota na corda Ré, então toque com os dedos 2 e 4 nas cordas Sol e Si. Então prossiga e toque a corda Mi (1ª corda) com a palheta.

Executar essa ideia dessa forma é certamente mais difícil e requer um alto nível de desteridade nos dedos da mão direita. A razão pela qual Danny tocaria dessa forma é o efeito percussivo vigoroso. Você pode tocar com vontade com a palheta na corda Mi (1ª corda), para conseguir um som agudo do tipo *chicken picking*.

Exemplo 7b:

```
        E                                                      2
full full full                              ¼              full
T|------12----------10---------9---7--|--------------------------------------12--|
A|----12--------10--------9------7----|-10-10-10-10-(10)-8----10-8---------9---12--|
B|--13--------11-------9------7-------|---------------------9------------------11--|
  14        12      11
```

O lick a seguir desce para a posição aberta (cordas soltas) para conseguir um som inspirado no rockabilly, não muito distante de algo que Albert Lee tocaria.

A parte complicada aqui é se certificar de colocar os *pull-offs* nos lugares certos, visto que eles ajudam a dar ao lick o seu som vigoroso.

A segunda parte do lick move-se da posição aberta para o desenho de C. Agora, você já deve estar ficando confortável com esses padrões do CAGED.

Exemplo 7c:

```
     E   P         P         P   H         P    sl.      sl.
                                                                         full
T|-----3-2-0----------------------------------------------4-6----5--7-5--|
A|----------3-2-0--------3-2-0-1-----------2-4-6----6------|
B|---------------2-0------2-1-0-----2-4----------------|
                          3   4
```

O quarto exemplo demonstra os incríveis licks com *double-stops* de Danny, majoritariamente ao redor do acorde de A com o desenho de C. Para tocá-los, sugiro uma combinação de palheta e dedo 2, em vez de tentar apenas palhetá-los.

Comece movendo-se cromaticamente para a tônica e a terça, a partir do compasso anacruse. A partir daqui, o segundo compasso é cheio de notas que soam mais como o acorde de D, apesar de as notas ainda serem do modo mixolídio de A (A, B, C#, D, E, F#, G).

O terceiro compasso requer que você mantenha pressionado o acorde de A7 (digitado como o A/G) e toque-o duas notas por vez.

Exemplo 7d:

O último lick apresenta mais *double-stops*, mas dessa vez eles são tocados com a palheta.

Use o dedo 1 para o *double-stop* na 12ª casa, o dedo 4 na 17ª casa e dedo 2 na 14ª casa. Execute esse lick lentamente e certifique-se de que os *hammer-ons* estejam no tempo, uma vez que é muito fácil se perder com a velocidade.

A segunda parte do lick faz *slides* na 12ª casa e move-se para baixo cromaticamente, com uma nota pedal na corda Mi (1ª corda) solta. Ideias como essa são feitas para soar selvagens e eram uma grande parte do estilo de Danny. Ademais, essas ideias eram similares em outros músicos, como Roy Buchanan.

Exemplo 7e:

Capítulo Oito: Eldon Shamblin

Nascido em Oklahoma, EUA, em 1916, Eldon Shamblin foi um dos maiores nomes no movimento de western swing.

Eldon aprendeu a tocar guitarra antes do surgimento do rock and roll e das tablaturas, por isso sua experiência de aprendizado foi mais formal. Ele desenvolveu a habilidade de ler e criar arranjos, inspirando-se em músicos de jazz como Eddie Lang. Ele foi certamente um músico de jazz que entrou no country, e isso lhe ajudou a definir o som do western swing.

Eldon dedicou muito tempo trabalhando em rádio, visto que essa era a mídia popular da época. Finalmente, ele começou a trabalhar com Bob Wills, como membro do Texas Playboys e, de 1938 até 1954, ele fez mais de 300 gravações com a banda. Às vezes, é difícil distinguir quais partes ele está tocando, portanto você precisa ouvir Bob chamando o nome de Eldon, para ter certeza de que é ele quem está tocando.

Ele também tocou em muitos álbuns do artista de outlaw Merle Haggard, o que fez com que ele ganhasse ainda mais admiradores.

Como seu conterrâneo Charlie Christian, Eldon também era acima da média. Ele se tornou conhecido por adotar a guitarra elétrica, muito antes dos seus companheiros terem deixado as guitarras semiacústicas e violões, sinônimos do gênero. Em 1954, Eldon foi presenteado com uma das primeiras guitarras Stratocasters produzidas pela Fender (com uma bela coloração dourada). Essa se tornou a sua guitarra principal por muitos anos, ajudando-lhe a definir o seu som.

Como você pode imaginar, o estilo de Eldon é mais baseado no jazz do que no country, mas executar os seus licks e ideias no country pode trazer grande sofisticação à sua música. Ele foi o pioneiro na harmonia de guitarra dupla, frequentemente junto com a guitarra pedal steel.

O primeiro lick é baseado no acode de Emaj7. A escolha de escala óbvia para um solo com o acorde de Emaj7 é a escala de E maior.

Esse lick se ajusta lindamente sobre o acorde, ao firmar-se no desenho de G.

Exemplo 8a:

O exemplo 8b encaixa-se no mesmo cenário, mas dessa vez vem com uma perspectiva mais baseada em arpejo.

A parte musical aqui é a ideia ascendente de três notas na escala de E maior. A nota G# é tocada na corda Sol, a nota B na corda Si e uma nota que muda a cada vez é tocada na corda Mi (1ª corda).

Utilizar a palhetada alternada ajudar-lhe-á a dominar o tempo.

Exemplo 8b:

Os próximos dois licks acontecem, em geral, no final ou na virada de uma música. O uso de acordes não-diatônicos (como o C6) ajuda a dar um som de jazz e requer atenção quando se estiver solando.

Os acordes do primeiro compasso são tratados como o acorde de E7, portanto o modo mixolídio de E funciona bem. Nesse caso, é utilizado o desenho de A. Sobre o A/C#, toca-se a tríade de A, seguida pela nota C do acorde de C6.

Os últimos dois compassos contém acordes da tonalidade de E, portanto as notas da escala de E maior são usadas novamente.

Exemplo 8c:

O segundo lick nessa progressão tem quase a mesma ideia do anterior, pois que utiliza a escala pentatônica maior de E, no primeiro compasso, e as notas da escala pentatônica maior de C sobre o acorde de C6.

Os dois últimos compassos visam o acorde de B e abordam a tríade em um semitom abaixo. Esses tons cromáticos vizinhos são uma parte importante da influência do jazz no country.

Exemplo 8d:

O último lick apresenta uma versão simplificada da incrível técnica rítmica de Eldon.

No exemplo a seguir, é difícil não pensar no jazz cigano. Ele é muito similar ao som *"le pompe"*, que apresenta pequenas palhetadas nas batidas 1 e 3 e pesados acentos nas batidas 2 e 4. Para facilitar a leitura, escrevi esses acordes como *voicings* completos, portanto ouça o áudio para entender como o exemplo deve ser tocado.

O segredo aqui está na aplicação das inversões de acordes, para criar interesse melódico na parte rítmica; uma vez que tocar o mesmo *voicing* do acorde de A por dois compassos poderia soar entediante.

O primeiro acorde é o acorde de A com o desenho de E, em seguida, ascendendo segue-se o acorde de A/C# no segundo compasso, e então o A/E.

Quando o acorde se move para D, a tríade de D é mantida nas cordas Ré, Sol e Si, enquanto as notas graves alternam entre as notas D, A e F#.

Exemplo 8e:

Capítulo Nove: Glen Campbell

Nascido em Arkansas, EUA, em 1936, Glen Campbell foi um dos músicos mais completos de country, desde que a sua carreira começou em 1956 até a sua morte em 2017.

Como Brent Mason e Brad Paisley, Glen Campbell deixou a sua casa para fazer carreira na música, utilizando suas habilidades como músico de sessão e compositor. Ele encontrou sucesso rapidamente nesse nicho, sendo uma peça importante no The Wrecking Crew (um grupo de músicos de sessão de Los Angeles que era muito requisitado nos anos 60 e 70). Ele trabalhou como músico de sessão para inúmeros artistas, como: Ricky Nelson, Nat King Cole, The Monkees, Frank Sinatra, Elvis Presley e muitos outros.

Como guitarrista, Glen Campbell sempre demonstrou uma habilidade fenomenal na guitarra, tocando rápidas sequências com palhetada alternada que seus contemporâneos não conseguiam tocar. No entanto, a sua carreira foi mais profunda do que isso.

Glen Campbell foi uma personalidade incrível diante das câmeras e fez muitas participações em shows de comédia na televisão, junto com artistas como Jerry Reed. Ele também teve uma respeitada sequência de sucesso em Hollywood, atuando em clássicos do cinema *cult*, como True Grit (junto com o ícone do faroeste John Wayne).

Em termos de composição, o trabalho de Glen é atemporal, sendo obras de arte músicas como Gentle on my Mind e Wichita Lineman. Além disso, ele trouxe um toque único às composições de outros artistas, como nas faixas Rhinestone Cowboy e Southern Nights.

Em 2011, ele foi diagnosticado com a doença de Alzheimer, que foi tema do documentário I'll Be Me, que mostra Glen realizando turnês, enquanto enfrentava a doença. É incrível ver alguém que não conseguia reconhecer nem a própria filha, devido à doença, mas que era capaz de tocar a noite inteira, cantar todos os seus hits e ainda tocar guitarra incrivelmente bem; mesmo que às vezes ele se esquecesse de onde estava. Tristemente, Glen faleceu durante o processo de escrita e publicação do seu livro.

O som de Glen Campbell tem tudo a ver com as notas que ele escolhia, em vez dos instrumentos que ele utilizava, uma vez que ele já tocou de tudo durante a sua carreira. Ele provavelmente foi mais visto com uma Stratocaster no final da sua carreira, no entanto ele já utilizou muito o seu violão Ovation, no qual a sua palhetada era fantástica!

O primeiro lick apresenta algumas das habilidades de Glen na palhetada, com essa excelente linha sobre a mudança de acordes de A7 para Dm.

Tonalidades menores são definitivamente infrequentes na música country, mas é importante aprendê-las, uma vez que elas surgem de quando em quando.

Apesar de poder-se ver as notas como vindas da escala menor harmônica de D (D, E, F, G, A, Bb, C#), acho mais fácil vê-las como um ornamento do arpejo de A7, com a adição da sexta menor (F) na corda Si e da nona menor (Bb) na corda Mi (1ª corda). Isso implica o acorde de A7b9.

Exemplo 9a:

O segundo lick utiliza o acorde de C maior, com o desenho de G.

Há excelentes notas cromáticas utilizadas nesse lick, incluindo o Eb no início (aproximando-se da terça do acorde). Isso sugere a escala country de C (C, D, Eb, E, F, G, A, B), o que significa que Bb e F# são apenas notas de passagem cromáticas que ajudam a conectar as notas. Isso era muito comum no estilo de Glen, quando ele tocava mais rápido, e tem o benefício de adicionar uma influência de jazz ao solo.

Exemplo 9b:

O próximo lick é mais country, blues e rock em natureza e um tanto difícil de ser tocado rapidamente!

Apresentando o acorde de D, no desenho de G, as notas sugerem a escala pentatônica maior de D, porém o lick contém mais do que isso.

Os primeiros dois compassos requerem que você mantenha a nota D na corda Mi (1ª corda), enquanto as notas da corda Si ascendem cromaticamente, da terça (F#) até a quinta (A), e descendem indo da terça menor até terça, antes de o compasso terminar em uma oitava.

O último compasso utiliza a escala country de D com um clichê de country e pop.

Exemplo 9c:

A próxima ideia prepara-lhe para a rápida palhetada alternada de Glen Campbell, ao apresentar o acorde de D com muitas notas de passagem cromáticas.

Essa ideia se ajusta frouxamente ao redor do desenho de G, com a escala pentatônica maior de D do lick anterior. Estude-a lentamente, pois com o tempo você aprenderá a digitação e conseguirá aumentar a velocidade.

O último compasso deve ser tocado todo com o dedo 1, descendo no braço da guitarra.

Exemplo 9d:

O último lick é tocado no estilo de Paul Gilbert e Al Di Meola, porém foi introduzido dez anos antes de esses músicos se tornarem referências nesse som.

O segredo para tocar rápido esse lick é se certificar de tocar a última nota, na corda Si, com uma palhetada para baixo e a nota da corda Mi (1ª corda) com uma palhetada para cima. Isso é frequentemente descrito como "outside picking", ou "palhetada por fora", uma vez que a palheta toca a parte de fora das cordas (tente palhetar para cima a corda Si e para baixo na corda Mi, para ver o som da "palhetada por dentro").

O final é um lick clássico de country com cordas soltas em E, para trazer de volta o caos da rápida palhetada alternada.

Exemplo 9e:

Capítulo Dez: Hank Garland

Nascido na Carolina do Sul, EUA, em 1930, Walter Louis 'Hank' Garland é um dos músicos mais sofisticados de country.

Hank começou a tocar muito cedo, inspirado pelo som das guitarras que ele ouvia em estações de rádio, e dedicou-se bastante para aprender a tocar guitarra. Com apenas 15 anos de idade ele conseguiu um trabalho com Cotton Pickers, após um encontro casual em uma loja de guitarras. Com 16 anos, ele mudou-se para Nashville, decidido a buscar uma carreira na música, como músico de sessão e artista. Dois anos depois, ele venderia mais de um milhão de cópias do single Sugarfoot Rag, assegurando assim a sua contínua demanda como músico de sessão.

Hank, conhecido como um dos guitarristas de sessão de Elvis Presley de 1958 a 1961, também apareceu em álbuns de Patsy Cline, Roy Orbison e muitos outros. A sua habilidade e desejo de tocar sons diferentes lhe mantiveram em demanda, quando o rock and roll tomou conta da música nos anos 50.

Ele também era um músico de jazz respeitado, tendo tocado com lendas como Charlie Parker e influenciado o desenho da Gibson Byrdland.

Em 1961, Hank se envolveu em grave acidente de carro que o deixou em coma por uma semana. Devido a alguns tratamentos da época (como terapia eletroconvulsiva), especula-se que Hank possa ter sofrido danos adicionais no cérebro, que efetivamente colocaram um fim à sua carreira.

O estilo de Hank é um tesouro de ideias, especialmente no ambiente do country, uma vez que a sua forma de expressar-se como músico teve influência do swing jazz, que ele cresceu ouvindo. Essas influências, vindas de outros gêneros, adicionaram um tempero ao gênero que era pouco visto no som dos seus contemporâneos. O estilo de Hank tem influenciado muitas pessoas, mas nenhuma delas foi tão conhecida quanto Chet Atkins, que regularmente citava Hank como o maior guitarrista que ele já havia escutado.

Para conseguir o som de Hank é necessário um bom captador humbucker no braço e um tom limpo e forte. Eu consigo isso com o captador do braço da minha Gibson Howard Roberts Fusion, com o ajuste de tonalidade em cerca de 7.

O primeiro lick de Hank pode ser dividido em duas partes: os dois primeiros compassos e o último compasso.

Sobre o acorde de A, uma ideia como essa funciona muito bem num cenário de country blues. Começando com o desenho de G, a nota A tônica é tocada na corda Sol e Mi (1ª corda), com uma escala cromática ascendente sendo tocada na corda Si. Note o uso repetido da quinta diminuta (Eb), que adiciona um sabor blues ao lick.

A segunda parte do lick gira em torno do desenho de E e utiliza uma longa sequência na corda Mi (1ª corda) para ir da tônica (A) até quarta (D), que então desce com um *slide* de um semitom para a terça. É possível ver esse lick como parte do modo mixolídio de A, porém com a quinta diminuta (b5) adicionada para dar um tom blues.

Exemplo 10a:

O próximo lick utiliza tríades sobre o acorde de A, para criar interesse melódico.

O compasso um consiste de uma tríade de A (A, C#, E), com o acorde de A no desenho de C, que então se move para baixo em um tom, resultando na tríade de G (G, B, D). Essa técnica é chamada de "substituição de arpejos" e consiste em tocar um arpejo após o outro pra criar um som diferente. Com o acorde de G, as notas G, B e D são, respectivamente, a tônica, a terça e a quinta. No contexto do acorde de A, a nota G é a sétima menor (b7), a B é a nona e a D é a décima primeira. Essas notas não são tão fortes como são com o acorde de A, mas ajudam a criar uma coloração jazz, antes de resolver na tríade de A, no compasso seguinte.

Substituições de arpejos podem ser escritas como acordes com barra, ou como a harmonia que eles implicam. O G/A significa que o acorde é uma tríade de G, com uma nota A grave. O A11sus significa que o acorde é um acorde de décima primeira dominante, sem a terça. Apesar de ambos funcionarem, o G/A é um pouco mais específico.

Exemplo 10b:

O próximo lick combina *double-stops* com palhetada alternada em ideias de notas isoladas.

Conforme o lick se baseia no acorde de A, as notas dos *double-stops* são a terça e a quinta (C# e E), as quais são abordadas em um semitom abaixo.

A melodia no compasso dois funciona um pouco como o modo dórico de A (A, B, C, D, E, F#, G), que não é o melhor modo para se utilizar com o acorde de A, visto que a nota C do modo dórico se choca com a nota C# do acorde.

A segunda metade do lick repete o primeiro compasso, em seguida desce para o desenho de G e palheta as notas da escala pentatônica maior de A.

Exemplo 10c:

O quarto lick começa em registro grave e utiliza as notas da escala pentatônica maior de A com cordas soltas (desenho de G).

A segunda parte do lick apresenta uma sequência alongada, visto que você toca quatro notas entre num intervalo de 5 casas, na corda Mi (1ª corda). Nesse momento, a sequência deve fazer sentido, uma vez que há uma nota de passagem cromática entre a segunda (B) e a terça (C#).

A última nota requer que você faça um *slide* até 17ª casa para tocar a tônica (A). Se isso parecer difícil no início, pode ser porque você está olhando para onde a sua mão *está*, em vez de olhar para onde ela está *indo*. A solução é começar a olhar para a 17ª casa tão cedo quanto possível. Particularmente, olho para ela enquanto toco o *hammer-on* e o *pull-off* no terceiro compasso.

Exemplo 10d:

O último lick utiliza a escala de A maior (A, B, C#, D, E, F#, G#) na corda Mi (1ª corda), em padrão descendente com rápidos *hammer-ons* e *pull-offs*.

Palhete as duas primeiras notas com uma palhetada para cima e para baixo e então palhete novamente a primeira nota, antes de fazer um *hammer-on* e um *pull-off* para a segunda nota. Esse processo é repetido em cada nota da escala, conforme você desce no braço da guitarra. Utilize os dedos 1 e 2 para as notas que estão a uma casa de distância e os dedos 2 e 3 para as notas a duas casas de distância uma da outra.

A beleza desse tipo de lick é que ele pode ser adaptado se para ajustar-se a qualquer escala e tonalidade, contanto que você conheça as notas de tal escala.

41

Exemplo 10e:

Capítulo Onze: James Burton

Nascido em Louisiana, EUA, em 1939, James Burton foi um dos grandes nomes no desenvolvimento da guitarra elétrica na música country, inspirando milhões de pessoas com os seus licks icônicos com *flat picking* e *chicken picking*.

Essencialmente autodidata, James foi influenciado por guitarristas que tocavam no rádio, como Chuck Berry, Elmore James, Lightnin' Hopkins e obviamente Chet Atkins. Ouvir esses guitarristas e dedicar várias horas por dia tentando imitá-los foi um método rápido para ganhar proficiência na guitarra, o que fez com que James começasse a tocar profissionalmente com apenas 14 anos de idade.

James rapidamente ganhou uma reputação na cena de músicos de sessão. Além disso, o seu trabalhado na guitarra solo, inspirado na guitarra pedal steel, estava em demanda nos anos 1950, o que fez com ele tocasse com Bob Luman, Ricky Nelson e na banda de Dale Hawkins. James frequentemente substituía as cordas da guitarra por cordas mais leves do banjo, para ajudá-lo a executar *bends* maiores. O conjunto de cordas de calibre 09 possui cordas com as espessuras de: .009, .011, .016 e .024. James era conhecido por utilizar cordas .009, .010, .012 e .024, o que lhe permitia executar mais *bends* nas cordas Si e Sol.

James também alcançou sucesso tocando a guitarra ressonadora dobro, quando trabalhou com Glen Campbell e Johnny Cash. Isso fez com que ele fosse muito requisitado para trabalhos de sessão e gravasse até seis sessões por dia! Infelizmente, muitos dos trabalhos da época não continham créditos, logo para descobrir em quais álbuns ele tocou é necessário ouvir os álbuns da época e tentar perceber o seu estilo neles.

Em 1969, James começou a tocar com Elvis Presley (proposta que ele havia recusado em 1968), e isso fez com que James e o seu estilo de tocar alcançassem uma grande projeção. Ele continuou trabalhando com Elvis Presley até a sua morte em 1977.

Durante esse período, ele gravou dois álbuns solo, Corn Pickin' and Slick Slidin', de 1969, e The Guitar Sounds of James Burton, de 1971. Ambos são álbuns fascinantes e com eles você tem a rara chance de ouvir James como músico principal.

Em termos de sonoridade, o som de James vem da combinação da Telecaster e dos ataques vigorosos com *flat picking* e o dedo 1 (no qual ele frequentemente utilizava uma dedeira). James também utilizou a Paisley Telecaster e a tornou popular. As originais foram lançadas em 1968, porém não venderam bem. Assim, as pessoas compraram-nas barato e repintaram-nas. Após James começar a utilizar essa guitarra na banda de Elvis Presley, todo mundo começou a desejar uma. Agora, essas Paisley Telecasters de 1968-1969 são extremamente procuradas.

O primeiro lick ajusta-se lindamente nos quatro últimos compassos de um blues de 12 compassos em E e apresenta o som *chicken picking* turbulento e staccato de James. O conceito por trás desse som é que ele imita o som do "cacarejo" de uma galinha.

Comece o lick tocando a corda Sol e fazendo um *bend*, em seguida utilize a palheta na corda Si e então dedilhe a corda Si com o dedo 2. Quando for fazer isso, coloque a palheta e os dedos de volta nas cordas, tão logo as notas forem tocadas, para mantê-las tão curtas quantas possível.

O compasso dois contém uma nota com *pré-bend*, que é repetidamente palhetada, conforme é feito o *release*. Como antes, alterne entre o uso da palheta e dos dedos para manter a nota curta e vigorosa.

Os últimos compassos descem para a posição aberta, com cordas soltas, com um movimento descendente na escala blues de E (E, G, A, Bb, B, D).

Exemplo 11a:

O segundo lick apresenta o acorde de A com uma ideia clássica de country, similar àquela abordada no capítulo sobre Chet Atkins. As sextas tocadas nas cordas Ré e Si implicam o acorde de A, G e D, e cada uma delas é abordada cromaticamente em um semitom abaixo.

No exemplo anterior, alterne a palheta e o dedo 1 para manter essas notas tão vigorosas quanto possível.

Os dois últimos compassos demonstram a influência da guitarra pedal steel em James, com *bends* na corda Sol, enquanto mantém os *double-stops* nas cordas Lá e Ré. O primeiro *double-stop* implica o acorde de D, em seguida o de Bm e finalmente um *voicing* clássico de A.

Exemplo 11b:

O próximo lick continua com a ideia em *chicken picking*, mas dessa vez com um movimento descendente na corda Si, enquanto delineia o acorde de A maior.

Quando estiver aprendendo licks como esse, é importante perceber em qual nota você está começando o lick e qual é a nota que o *bend* visa. Isso torna mais fácil o entendimento do conceito do lick. Como exemplo, a primeira nota é tocada com um *bend* da quarta para a quinta, a segunda nota é tocada com um *bend* da segunda para a terça, e finalmente a terceira nota é tocada com um *bend* da tônica para a segunda. Isso é o que dá contexto a licks como esse.

A parte final do lick apresenta o acorde de D, com alguns *bends* inspirados na guitarra pedal steel, utilizando a escala pentatônica maior de D com o desenho de G.

Exemplo 11c:

Esse lick mostra como James teria tocado em uma gravação de rock and roll, utilizando as suas influências da guitarra pedal steel.

O segundo compasso começa com as notas da escala pentatônica menor de A (A, C, D, E, G), com o desenho de E, e em seguida desce para o desenho de G com a escala pentatônica maior de A (A, B, C#, E, F#), com um *bend* da segunda para a terça na corda Sol. O lick então retorna para o desenho de E na 5ª casa.

O uso do mesmo desenho a três casas de distância é uma parte importante do vocabulário de muitos guitarristas de country.

Exemplo 11d:

O último lick continua com a tendência rock and roll, com uma ideia repetida nos dois primeiros compassos, na nota E, tocada nas cordas Sol e Si. Como nos exemplos anteriores, o uso cuidadoso do staccato ajuda a dar vida a esses licks.

A segunda metade do compasso utiliza as notas da pentatônica menor de A, da escala blues de A e do modo mixolídio de A. Elas, na verdade, são o mesmo grupo de notas, abordado no capítulo sobre Albert Lee (A, B, C, C#, D, Eb, E, F#, G). Essa é uma escala que contém nove notas, e é fácil criar uma confusão cromática, se você não for cuidadoso. Tudo tem a ver com as notas que você usa, portanto preste atenção aos detalhes do lick.

Exemplo 11e:

Capítulo Doze: Jerry Donahue

Bends que tentam imitar outros instrumentos, como os da guitarra pedal steel, não são algo novo na guitarra country, mas só há um rei do *bend* e ele provavelmente sempre será Jerry Donahue.

Nascido em Manhattan, EUA, em 1946, Jerry veio de uma família artística e foi desde cedo encorajado a estudar violão clássico. Ele rapidamente se sentiu atraído pela guitarra elétrica, sendo influenciado por Chet Atkins, Amos Garrett e Duane Eddy.

Jerry se mudou para a Inglaterra no início de carreira e ganhou reputação na cena de folk rock britânico. Durante o final dos anos 60 e começo dos anos 70, ele trabalhou com algumas bandas notáveis, como Fotheringay e Fairpoint Convention. Entre 1969 e 1975, Jerry apareceu em quase 25 álbuns, como guitarrista, cantor, arranjador, mixador, além de outras funções.

Isso não quer dizer que o seu sucesso tenha diminuído a partir daí, de fato, ele continuou numa crescente com uma lista de mais de 330 créditos, desde os Beach Boys até o Proclaimers, o que significa que ele tocou no hino escocês, I'm Gonna Be (500 Miles).

Como artista solo, Jerry já lançou vários álbuns. Além disso, ele também lançou álbuns com o supergrupo e trio de guitarra country, o Hellecasters (que tinha Will Ray e John Jorgenson), sendo o álbum Escape from Hollywood, de 1994, um bom ponto de partida, para você começar a entender a sua música.

Como guitarrista, o estilo de Jerry é caracterizado pela sua incrível intrepidez nos *bends*, tanto em *bends* atrás da pestana, como em *bends* regulares. Ele é um admirador do movimento oblíquo e da polifonia de contraponto e faz *bends* de uma forma nunca vista.

Com relação a equipamentos, Jerry teve diversos modelos assinados com a Fender, Peavey, Fret King e Vintage, apesar de cada guitarra ser da família da Telecaster (com exceção da rara e antiga Fender Hellecaster Strat). Logo, uma boa Telecaster com um bom captador na ponte chegará próximo do seu tom.

O primeiro lick apresenta algumas ideias tradicionais de country com *chicken picking*, com base no acorde de D.

O "x" na tablatura indica que se deve relaxar a mão esquerda para abafar a corda e criar o som de um cacarejo. Não é tão importante quais notas sejam abafadas, isso é feito livremente no fraseado.

Apesar de o primeiro compasso parecer a escala pentatônica menor de D, a ideia rapidamente ascende no braço (com o desenho de G) para a escala pentatônica maior de D, então ascende novamente para o desenho de E na 10ª casa, para executar alguns *double-stops* e fraseados de blues rock.

Exemplo 12a:

O segundo lick apresenta a incrível técnica de palhetada híbrida e a utilização de cordas soltas para ajudar na mudança de posição.

Comece palhetando a nota da 2ª casa, em seguida toque a corda Lá com o dedo 2 e então toque a corda Ré com o dedo 3. Essa sequência básica de três cordas é a mecânica básica do primeiro compasso, portanto aprenda essa técnica e a execute através de todas as cordas, como exigido.

A segunda parte do lick acontece na parte de cima do braço da guitarra, com um toque na nota da corda Mi (1ª corda), seguido de um *pull-off* e um toque na corda Si, antes de ir para a próxima posição e terminar na 20ª casa, com um *bend* de blues rock com uma corda solta adicional.

Exemplo 12b:

O lick a seguir utiliza a mesma sequência com palhetada híbrida e mudanças de posição para apresentar o acorde de A com cordas soltas. A verdadeira adição é o uso de *bends* atrás da pestana.

Bends atrás da pestana requerem uma guitarra com espaço suficiente na cabeça da guitarra, para que se possa pressionar as cordas e fazer os *bends*. Essa técnica funciona muito bem nas Telecasters, mas é quase impossível de ser executada na Les Paul, visto que a distância entre a corda e a tampa do tensor é muito pequena.

No final do lick, você precisa tocar as cordas Ré e Sol soltas e então fazer um *bend* de um tom em ambas as cordas para criar o acorde de A5. Isso é extremamente difícil (e exige muito dos dedos), portanto é necessário aprender sobre quanta pressão é necessário aplicar, para que se possa executá-lo automaticamente.

Exemplo 12c:

O próximo lick começa com *bends* tradicionais na corda Si e com notas tocadas em contraste a eles na corda Mi (1ª corda). O primeiro compasso pode ser visto como um *bend* da sétima menor (b7) até a tônica, com a terça e a segunda na corda Mi (1ª corda). O próximo compasso pode ser visto como um lick com o acorde de D, no desenho de C.

O terceiro compasso se torna mais difícil, com um *pull-off* para a corda Si solta, seguido por um *bend* atrás da pestana de um tom na corda solta. Ele não é muito diferente do compasso anterior, porém dessa vez utiliza *bends* atrás da pestana.

O último compasso introduz um *bend* atrás da pestana com o movimento contrário. O movimento contrário ocorre quando duas vozes vão em direções diferentes. Na corda Sol o *pré-bend* é feito atrás da pestana, em seguida é feito um *release* gradual, enquanto se faz um *bend* atrás da pestana de um tom na corda Si. Ideias como essa são difíceis de serem bem executadas, mas são diferenciadas.

Exemplo 12d:

O último lick do capítulo leva a ideia anterior ao extremo, com um lick que é provavelmente o mais difícil de todo o livro!

O lick começa com um simples movimento descendente na escala de E maior utilizando cordas soltas (como alguns licks de Chet Atkins). No segundo compasso, ele se torna difícil quando a corda Mi solta (6ª corda) é tocada. Você deve fazer um *hammer-on* de F# até G# e então fazer um *bend* de um semitom nessa última nota até a nota A. É importante fazer um *bend* bem vertical.

Com essas duas notas soando, palhete a nota B na corda Sol e então faça um *bend* de um tom até a nota C#. Nesse ponto, todas as três notas devem estar soando claramente.

Com o dedo 1, pressione a corda Si na mesma casa onde é feito o *bend* na corda Sol. Agora faça um *release* nos *bends* das cordas Ré e Sol, enquanto executa um *bend* de meio tom na corda Si, de D# até E. Esse é provavelmente o lick com *bend* mais difícil que já encontrei, portanto não se sinta mal se não conseguir tocá-lo e continue praticando.

A partir daqui, toque os harmônicos na 12ª casa, nas cordas Sol, Si e Mi (1ª corda), e faça um *bend* atrás da pestana na corda Sol até a nota G#.

Exemplo 12e:

Capítulo Treze: Jerry Reed

Nascido na Georgia, EUA, em 1937, o "Alabama Wildman", Jerry Reed Hubbard, sacudiu o mundo da música como guitarrista, compositor, cantor e ator, durante a sua carreira de 50 anos. A sua influência é a de uma lenda, e pessoalmente falando ele é um dos meus guitarristas favoritos.

Após um começo difícil na vida (tendo passado quase 7 anos em orfanatos), Jerry retornou ao convívio de sua família em 1944. Ele começou a tocar guitarra com 8 anos de idade e rapidamente se apaixonou pelo estilo de palhetada de Merle Travis e o estilo *clawhammer* da lenda Earl Scruggs.

Jerry era visto como uma promessa, como guitarrista, cantor e compositor. Tanto que ele assinou um contrato com uma gravadora em 1954. Esse período na carreira de Jerry é interessante, visto que é um período que ele renegaria mais tarde em sua vida. Apesar de ele ter participado de centenas de sessões de gravação e ter tocado como artista solo (confira o single Hully Gully Guitars), foi só após a sua estreia em 1967 na RCA com o álbum The Unbelievable Guitar and Voice of Jerry Reed que Jerry se considerou oficialmente como artista.

Esse álbum de estreia apresentava um incrível domínio da palhetada, da qualidade vocal e das composições. O seu estilo era tão único que quando Elvis Presley gravou Guitar Man de Jerry, a única forma encontrada para fazer com a que a música soasse corretamente foi trazer Jerry de avião para gravá-la. O álbum também apresentava músicas como If I Promise (que seria um hit de Tom Jones) e clássicos como Tupelo Mississippi Flash, U.S. Male, e uma música que apresenta grande esforço instrumental, The Claw.

O estilo de Jerry baseava-se no uso da dedeira para polegar e partes polifônicas complexas. Ele recusava a considerar-se guitarrista, em vez disso preferia o título de "pensador da guitarra", pois que ele apenas inventava coisas, as gravava (ou cedia aos outros para gravar, como a Chet Atkins) e nunca mais as tocava.

Outra parte importante do som de Jerry está no uso de violões de nylon e no som quente que deles saíam.

Jerry gravou quase 50 álbuns, antes de falecer em 2008. Os de mais destaque incluem Me & Chet (com o colaborador e amigo de longa data Chet Atkins), Nashville Underground e Alabama Wildman.

O primeiro lick apresenta o estilo incrível de Jerry no *double-stop* e o seu entendimento sobre acordes.

Quando for tocar *double-stops*, é importante não perder de vista o acorde base. O lick não tem a ver com tocar apenas algumas notas aleatórias da escala e torcer pelo melhor.

Com o acorde de E, a quinta e a tônica são tocadas com a quinta descendendo em um semitom para a quinta diminuta (11ª casa, corda Si). Em seguida, são tocadas as notas A e C# nas cordas Sol e Si, antes de um retorno às notas G# e B (que soam como o acorde de E).

A segunda parte do lick desce para o desenho de A, novamente com a quinta diminuta (Bb), que adiciona tensões de blues à sequência.

Exemplo 13a:

O próximo lick implica o som do acorde de G7, com uma série de *double-stops* melódicos e mudanças de posição.

Começando com o desenho de C, o lick descende no braço da guitarra com algumas sextas, antes de resolver no desenho de E.

Com relação às notas, há algumas notas que chamam a atenção, mas todas fazem sentido. No compasso um, há um movimento da nota Bb para a B (terça menor para a terça) e, no compasso dois, da nota C# para a Db (quinta diminuta). Na verdade, se trata do modo mixolídio com a terça menor e a quinta diminuta adicionadas, já abordado diversas vezes nesse livro.

Exemplo 13b:

A próxima ideia apresenta a técnica de *reverse roll* de Jerry e mostra como ela é aplicada com cordas soltas para criar ideias rápidas em cascata.

Para tocar padrões descendentes de três cordas, Jerry utilizaria os dedos 3, 2 e o polegar, mas não tenha medo de utilizar o dedo 1, 2 e o polegar, se parecer-lhe mais fácil. O símbolo apresentando a direção da palhetada mostra onde as notas devem ser tocadas com o polegar. O restante das notas ajustar-se-á naturalmente.

Seja cuidadoso com a mudança de posição da área da 7ª casa, para a posição de cordas soltas. O tempo é tudo, portanto não se apresse!

Exemplo 13c:

A próxima ideia é um grande exemplo do lado "pensador da guitarra" de Jerry. Quando se ouve o áudio, percebe-se como o lick simplesmente faz *sentido* para o ouvido. Tudo é agradável e segue em uma direção que soa muito bem.

Quando você lê tablatura e tenta tocá-la integralmente, problemas logo surgem, visto que é muito mais difícil tocar do que ouvir!

Tente aprender os dois primeiros compassos como um lick para o acorde de E na posição aberta (cordas soltas), em seguida, aprenda o lick do compasso três e finalmente os licks dos compassos quatro e cinco. Cada um deles funciona como ideias individuais, e a natureza descendente da peça junta todas as partes lindamente.

Exemplo 13d:

A última ideia apresenta a influência jazz de Jerry. Ele realmente conseguia tocar qualquer coisa que ele ouvisse!

Utilizando a escala country de C com os acordes de Am e C, a frase que emprega as notas do arpejo de Fdim7 (F, Ab, B, D) é utilizada no lugar do acorde de E7 para implicar o som do E7b9. Uma pequena, mas excelente substituição de arpejo.

O lick termina com as notas da escala blues de A para mantê-lo interessante.

Exemplo 13e:

Capítulo Quatorze: Jimmy Bryant

Nascido na Georgia, EUA, em 1925, Jimmy Bryant elevou a forma de tocar guitarra a um novo patamar nos anos 50, com a sua incrivelmente rápida palhetada alternada e doces harmonias de guitarra dupla.

Bryant começou a estudar guitarra seriamente na metade dos anos 40, inspirado pela técnica de palhetada de Django Reinhardt no jazz cigano. Tanta dedicação a esse estilo inevitavelmente adicionou uma forte influência jazz na sua escolha de notas, e a palhetada agressiva do gênero adaptou-se bem à guitarra elétrica.

Após se mudar para Los Angeles, Jimmy encontrou o pioneiro na guitarra pedal steel, Speedy West. Os dois tocaram juntos por muitos anos, tanto como um duo e como parte da banda de apoio da gravadora Capitol Records. Ele já atuou como guitarrista, compositor, arranjador, baixista, vocalista e até mesmo como rabequista, mas foi o seu trabalho solo que o manteve em evidência.

O álbum de estreia de Jimmy, Two Guitar Country Style, de 1954, é uma bela introdução ao estilo excitante de Jimmy e às maravilhas da guitarra pedal steel, que aparece com frequência no álbum.

Como mencionado, Jimmy já tocou em muitos álbuns e todos eles valem a pena ser ouvidos. O álbum de Speedy West, Steel Guitar, o Sixteen Tons de Tennessee Ernie Ford, e o álbum em duo Country Cabin Jazz, foram todos lançados em 1960, com a participação de Jimmy!

O som de Jimmy vinha predominantemente da Telecaster, um instrumento que é mais versátil do que as pessoas pensam. O captador da ponte oferece um estridente som metálico de alta qualidade, e o captador do braço fornece um tom surpreendentemente caloroso e cheio de jazz, que Jimmy conhecia bem. A Fender lançou uma Telecaster assinada por Jimmy Bryant (completíssima, com um escudo de couro), mas elas são muito difíceis de encontrar. Com um corpo em freixo, acabamento em nitro e captadores vintage feitos sob medida no estilo Nocaster, o seu som pode ser alcançado com qualquer Telecaster de estilo vintage.

O primeiro lick tem influência do blues com um motivo de jazz que foi adaptado para incorporar os acordes.

Sobre o acorde de G7 (com o desenho de E), a terça (B) é abordada de um semitom abaixo, mas quando o acorde muda para o C7, com o desenho de A, a nota mais aguda se torna a sétima menor (Bb) do acorde.

A segunda metade do lick repete o lick com G, mas termina com uma mudança de posição para a 8ª casa, terminando na terça (B), do acorde de G.

Os dois últimos compassos formam uma progressão II – V em G, com uma nona menor (Bb) extra sobre o acorde de A e uma frase clássica de country jazz sobre o acorde de D9.

Exemplo 14a:

O próximo lick poderia ser utilizado em várias situações, seja estaticamente ou com mudanças de acordes. Quando observamos os arpejos sendo tocados, vemos que as quatro primeiras notas formam a tríade de Bb (Bb, D, F), seguida pelo acorde implícito de Bbdim7 (Bb, Db, E, G), que é finalmente acompanhado por uma ideia cromática com o acorde de Gm pelo restante do lick.

Licks como esse são extremamente difíceis de tocar em velocidade, uma vez que há muito *crosspicking* (nome utilizado quando há muitas mudanças de cordas em notas isoladas). Como para qualquer ideia como essa, a resposta está numa boa palhetada alternada, portanto movimente a palheta para cima e para baixo!

Exemplo 14b:

Seria impossível falar de Jimmy sem mencionar os seus incríveis arranjos para duas guitarras.

Para esse lick, escrevi uma melodia e logo após toquei a harmonia para que você possa tocar ambas.

A ideia ajusta-se folgadamente ao redor do acorde de D, começando na tônica (no desenho de A), com a sétima e a segunda ao redor dela. No segundo compasso há um movimento ascendente para o desenho de E, onde a terça (F#) é tocada.

A harmonia não é rigidamente teórica, mas simplesmente soa bem. Lembre-se: se algo soa bem, então esse algo é bom. Como na parte anterior, essa segunda parte começa no desenho de A, porém apresenta a terça, uma nota cromática em um semitom abaixo e a nota de um tom acima na escala (G). O lick então, num movimento ascendente, se move para o desenho de E, onde a quinta do acorde de D é tocada na corda Si, seguida por uma nota em um semitom abaixo.

Esses tipos de harmonias, que não aderem estritamente à forma teórica, soam sempre mais orgânicos e musicais para os meus ouvidos.

Exemplo 14c:

O próximo lick é uma ideia harmônica mais longa, que apresentar-lhe-ei em duas partes. Com a mudança de acordes Am – E7, a ideia está mais alinhada à abordagem cigana de tocar, que consiste em conectar as notas do acorde com as notas das escalas e utilizar notas cromáticas em um semitom abaixo das notas do acordes para criar cor.

A parte realmente difícil nesse lick é igualar a velocidade com a qual Jimmy tocava ideias como essa. Toque apenas com a palhetada alternada e aumente a velocidade com o tempo.

Exemplo 14d:

A harmonia dessa parte apenas tenta seguir o contorno da parte mais grave. Assim, enquanto a harmonia mais grave começa na tônica (A), a harmonia começa na terça (C), visto que essa é a próxima nota do acorde.

Como na ideia anterior, você notará que qualquer nota do acorde (A, C, E) pode ser abordada por uma nota em semitom abaixo.

A frase sobre o acorde de E7 é particularmente difícil de tocar rapidamente, mas essa é a natureza de harmonizar algo que poderia se ter ajustado facilmente sob os dedos em uma inversão numa posição mais baixa. Quanto mais tempo você dedicar a esses tipos de ideias harmônicas, mais rápido você afinará o seu ouvido e será capaz de ouvir as harmonias, antes mesmo de tocá-las.

Exemplo 14e:

Capítulo Quinze: Johnny Hiland

Nascido no Maine, EUA, em 1975, Johnny Hiland é um dos novos rostos levantando a bandeira da incorporação da tecnologia na guitarra country.

Apesar de o seu primeiro álbum mais conhecido ter aparecido em 2004, Johnny começou a tocar guitarra desde muito cedo, tocando em shows de talentos, quando tinha apenas 5 anos de idade. Ele dedicou muito tempo à música, pois por possuir baixa visão (ele sofre com nistagmo desde o nascimento) era-lhe difícil brincar nos parques com os amigos. Assim, tocar música foi uma boa alternativa.

Em termos de som e influência, Johnny cresceu num mundo pós-Van Halen, portanto ele foi muito influenciado por rock clássico, glam metal e guitarristas de shredding como Eddie Van Halen e Joe Satriani. Na sua juventude, tocar com a sua família fez com ele se expusesse bastante à música country e ele cita abertamente suas influências, como sendo Jimmy Bryant, Albert Lee, Chet Atkins e Danny Gatton.

Essa mistura de influências faz com que Johnny transite entre o western swing, o country e o rock, de música para música (às vezes na mesma faixa). Isso significa que você precisa ter um bom domínio das técnicas da guitarra country, como a palhetada alternada, a palhetada híbrida, *double-stops* e *bends* de guitarra pedal steel; além disso, é necessário dominar as técnicas de shredding, que incluem rápidos legatos e tapping. Isso faz do estilo de Johnny um dos estilos mais desafiadores tecnicamente de tocar.

Johnny se mudou para Nashville em 1996, para construir uma carreira como guitarrista de sessão, e rapidamente conseguiu um lugar na Don Kelley Band. O seu empresário finalmente conseguiu um contrato para Johnny na gravadora Favoured Nations de Steve Vai... ao reproduzir a música de Johnny para Steve Vai por telefone! O seu álbum autointitulado saiu em 2004. Ele apresenta um estilo incrível e merece ser adquirido.

Com relação a guitarras, Johnny já trabalhou com muitas empresas, principalmente a Fender (sendo ele o primeiro artista sem gravadora a ter um modelo próprio), a PRS (o seu modelo foi o primeiro parafusado) e agora a Ernie Ball Music Man. Ele é fã do modelo Axis Sport, mas uma boa Telecaster fará com que você chegue perto do som do seu primeiro álbum. A sua Fender antiga foi inspirada em Don Rich e Danny Gatton e possuía três captadores Joe Barden, que a Fender tinha disponíveis para os modelos assinados por Gatton.

O primeiro lick, sobre o acorde de E, mistura *bends* de guitarra pedal steel com mudanças de posição e *double-stops*, no clássico estilo de Albert Lee.

O lick começa com o desenho de C, com um *bend* da segunda para terça na corda Si e com a quinta tocada na corda Mi (1ª corda) (como tocada nos exemplos anteriores). Em seguida, o lick desce para o desenho de D no compasso dois com um *slide* de E para D com o dedo 1.

Os últimos compassos possuem cordas soltas e utilizam as notas do modo mixolídio de E, com uma terça menor e quinta diminuta adicionais. O lick termina no acorde aberto de A, visto que esse é o próximo acorde na progressão.

Exemplo 15a:

O próximo lick apresenta algumas influências do western swing de Johnny, caracterizadas por muitas notas interessantes. O livro de teoria musical pode dizer-lhe que o lick está "errado", mas na realidade ele soa muito bem... portanto ele é bom!

Começando com o acorde de A7 no desenho de A, há um movimento da terça menor (C) para a terça (C#), antes de uma transição com tercina para o desenho de C. O segundo compasso apresenta as notas A, G#, G e F na corda Si. A nota G# (sétima) choca-se diretamente com a nota G do acorde de A7.

Quando se muda para o acorde de D, a perspectiva é alterada e vamos para a escala pentatônica maior de D no desenho de G (primeira metade do terceiro compasso), com um *slide* ascendente no arpejo de D7. O quarto compasso utiliza as notas do modo mixolídio de D, com o desenho de D, descendendo para terminar na terça de G (B).

Exemplo 15b:

O próximo lick tem um pouco da influência de Danny Gatton, um tema comum no estilo de Johnny.

O lick começa com o desenho de A, e o conceito aqui é tocar a melodia no padrão repetitivo com as notas E, D# e E, na corda Ré. A nota D# dá um sabor de guitarra pedal steel ou até mesmo o som de Jimmy Bryant. Lembre-se que tocar notas em um semitom abaixo das notas de um acorde é sempre lícito na música country!

A segunda metade do lick apresenta algumas notas mais agudas que se ajustam no desenho de G. Essa posição foi, até o momento, pouco utilizada nesse livro, portanto preste atenção, visto que é importante adquirir tanto vocabulário quanto possível em cada parte do braço da guitarra.

Exemplo 15c:

Aqui está um lick apresentando alguns *bends* mais difíceis, do tipo guitarra pedal steel.

Os dois primeiros compassos parecem-se muito mais com o acorde de D, do que com o acorde de A que é tocado, mas o D/A é uma substituição de acordes comum. Quando pensamos nele como o acorde de D, ele ajusta-se muito bem no desenho de G na escala pentatônica maior de D, apesar de o padrão também funcionar bem na pentatônica menor de A, com desenho de D.

A segunda parte do lick apresenta tríades (tocadas como *double-stops* nas cordas Sol e Si, seguidas pela nota da corda Ré) que descendem com um *bend* adicionado na corda Sol para dar cor ao lick. Similarmente aos exemplos de Brent Mason, o que você toca é um movimento com o A maior, G maior e A maior sobre o acorde estático de A.

Exemplo 15d:

O último lick é inspirado nos músicos de rock, mas ajusta-se perfeitamente em um cenário de country (e não é muito diferente dos licks de Keith Urban), criando a *vibe* do Eagles.

Essencialmente, ele consiste de uma tríade de A, tocada ao redor do desenho de E, e tem como base as notas E e A, com as notas B, C# e D utilizadas para dar cor ao lick.

Exemplo 15e:

Capítulo Dezesseis: Keith Urban

Keith Urban é outro músico que lhe mostra que não é necessário ser do Sul dos Estados Unidos para ser um ícone da música country. Nascido em 1967, Keith Urban é australiano, mas isso não interferiu na sua carreira: até o momento ele já ganhou quatro Grammys e tem 22 singles que foram hits.

Com relação ao número de guitarristas de country icônicos, foi difícil incluir Keith nesse livro, mas não seria adequado ignorar uma das personalidades mais importantes da música country moderna. Há definitivamente uma influência country no seu estilo, mas ele não nega o fato de que os seus heróis de infância eram Mark Knopfler e Lindsey Buckingham.

Como compositor e cantor, o material de Keith chegou à cena de country, o que resultou em um álbum autointitulado pela EMI, na Austrália em 1991. Após perceber que a Austrália nunca seria a morada da música country, Keith se mudou para Nashville em 1992 e construiu a reputação de cantor e compositor promissor, ao escrever várias músicas para outros artistas e executar trabalhos de sessão na cidade.

Apesar de ter lançado um álbum com a sua banda, The Ranch, em 1997, foi o seu álbum solo (também autointitulado!) que fez com que ele realmente penetrasse no mercado americano. Isso fez com ele gravasse muitos outros álbuns, cada um deles sendo disco de platina (alguns foram diversas vezes). O álbum de 2004, Be Here, é um bom ponto de partida e apresenta misturas das influências country com o pop.

Com relação à sua habilidade como instrumentalista, não é necessário ir além da música Rollercoaster para perceber que Keith possui muita habilidade na guitarra. No entanto, muitas vezes a guitarra cede os holofotes à sua incrível voz, que lhe fez ganhar vários prêmios. Por causa disso, o som de Keith é mais baseado no que ele produz do que no equipamento. Assim, ele é visto tocando de tudo, desde Telecasters, Les Pauls, SGs até Explorers. Dito isso, não posso evitar de pensar em Keith com uma Stratocaster.

O primeiro lick utiliza as notas da escala pentatônica maior de E (com o desenho de G), com um vocabulário clássico de *double-stops*.

A segunda metade do lick é uma ideia que Keith utiliza frequentemente, que consiste em tocar uma melodia em uma corda (corda Si), e tocar uma outra corda solta (corda Mi aguda). Nesse caso, a melodia é um movimento descendente na escala de E maior. Toque com vigor e não tenha medo de deixar que as cordas soem alto.

Exemplo 16a:

O segundo lick apresenta mais influências da guitarra pedal steel no estilo de Keith. Ele começa com um *slide* dentro do desenho de E, então desce no braço para executar um *bend* de ótima sonoridade na corda Si. Faça o *bend* da nota B para a C#, então toque a nota D na corda Mi (1ª corda) e deixe que as notas soem umas sobre as outras. A nota C# em contraste com a D causa uma tensão nos ouvidos que não seria legal com overdrive, mas em uma stratocaster configurada no *clean* funciona muito bem.

Exemplo 16b:

A próxima ideia apresenta um vocabulário de country tradicional, apresentando mudanças de acordes básicas. O lick começa na escala pentatônica maior de E na posição aberta (cordas soltas) e, quando o acorde muda para o A, a sua perspectiva também precisa mudar. Tudo isso faz sentido, com o acorde de A "no desenho de A" e o movimento da terça menor para a terça (C – C#) que dá um sabor country.

O terceiro compasso apresenta os acordes de B maior e A maior, começando por delinear a tríade de B/D# (D#, F#, B), com o desenho de G, e a ideia de A maior, com o desenho de E. A ideia termina sobre o acorde de E com alguns simples *bends* de excelente sonoridade. No entanto, quando analisados, percebe-se que as notas tocadas e as notas dos *bends* são as notas B, E e G# (notas do acorde de E)

Exemplo 16c:

Esse lick é uma ideia vistosa de country que aborda as diferentes posições do acorde de E maior.

O lick começa na tríade de E, com o desenho de C na 4ª casa, utiliza *bends* clássicos do tipo guitarra pedal steel nas cordas Si e Sol e ascende para o desenho de G para ajudar a melodia a continuar na parte de cima do braço.

Apesar de o lick ter sido escrito e gravado com semicolcheias, ideias como essa funcionam bem na metade da velocidade, com colcheias, portanto fique tranquilo.

Exemplo 16d:

O último lick é inspirado em algumas faixas de Keith com mais rock e utiliza alguns rápidos *pull-offs* ao redor do acorde de E na 12ª casa.

As notas vêm da escala de E maior e são tocadas com uma combinação de notas palhetadas e *pull-offs*.

Honestamente, se eu fosse gravar algo parecido com esse lick em uma sessão de gravação, eu iria me sentir inclinado a colocar um capotraste na 12ª casa, para permitir o uso de *pull-offs* nas notas "abertas". Esse tipo de truque utilizado em estúdio é fundamental em um músico de sessão experiente como Keith.

Exemplo 16e:

Capítulo Dezessete: Redd Volkaert

Nascido em Vancouver, Canadá, em 1958, Redd Volkaert começou a tocar guitarra com 10 anos de idade, após se apaixonar pela música de Merle Haggard, Buck Owens, Led Zeppelin, Albert King e Johnny Winter.

Redd se mudou para os EUA no final dos anos 80 e foi para Nashville em novembro de 1990. Com 32 anos de idade, Redd não era o músico mais jovem, mas ele tinha bastante experiência, por ter tentado a carreira de música em várias cidades. Assim, ele conseguiu um lugar na Don Kelley Band.

Em 1997, ficou claro que a chave para o sucesso não se baseava apenas no que ele sabia, mas sim em quem ele conhecia. Dessa forma, Redd foi recomendado a Merle Haggard por cinco membros da sua banda. Isso resultou em uma das maiores parcerias do gênero, e ele ficou com Merle Haggard por mais de uma década.

Redd é provavelmente o herói *cult* dessa lista de músicos. Durante todos esses anos, ele manteve muito do seu status *underground*, ao fazer pouco marketing digital de si mesmo e focar mais nos shows, os quais ele faz regularmente em Austin, Texas.

Ele já lançou muitos álbuns desde 1998, e cada um deles vale a pena ser escutado. Comece com o seu álbum de estreia, Telewacker, e continue a partir daí, visto que certamente você encontrará ritmos autênticos e inspiradores. Em geral, 95% do seu tom vêm do captador da ponte da Telecaster, com um amplificador configurado no *clean*... isso não poderia ser mais country!

O primeiro lick utiliza cordas soltas, o que permite que até quatro notas soem umas sobre as outras, em dado momento.

No primeiro compasso, use o dedo 3 para tocar a nota A na corda Ré, dedilhe a corda Si com o dedo 2, em seguida digite a nota C# com o dedo 2 e faça um *hammer-on* até a nota D com o dedo 4. Finalmente, toque a corda Mi (1ª corda) solta com o dedo 2. A mesma ideia é repetida no segundo compasso, mas com a nota C no lugar da C#, para criar o acorde de A menor.

O último compasso utiliza as notas do modo mixolídio de A, com uma quinta diminuta (b5) adicional e cordas soltas para criar um efeito cascata. Como nos compassos anteriores, deixe que as notas soem para que se alcance um tempero country.

Exemplo 17a:

O próximo lick mostra como Redd poderia utilizar o acorde de E com cordas soltas. Como esperado, utiliza-se as notas do modo mixolídio de E, com a terça menor e a quinta diminuta adicionadas. Essa combinação do modo mixolídio com notas de aproximação é fácil de executar no solo, quando você entende como a terça menor e a quinta diminuta são usadas.

Utilize os dedos 2 e 3 para executar a palhetada híbrida nos *double-stops*, em contraste com as notas da corda Ré que são tocadas com a palheta.

Exemplo 17b:

O próximo lick mostra como Redd poderia utilizar os *double-stops* e *bends* atrás da pestana para delinear o acorde de A.

Como no lick anterior, os dedos 2 e 3 são utilizados na palhetada híbrida para tocar os *double-stops*, enquanto a palheta toca as notas da corda Ré.

Igual ao licks de Jerry Donahue, o *bend* atrás da pestana deve ser executado com dois dedos, se possível. Toque a corda Mi (1ª corda) e a corda Si solta. Em seguida, pressione a corda atrás da pestana para executar um *bend* da corda Si solta até a nota C#, com os dedos 1 e 2. A mesma ideia é então repetida, mas com um *pré-bend* em A na corda Sol solta, seguido de um *release*.

Exemplo 17c:

Aqui está um lick com alguns *bends* de guitarra pedal steel na corda Sol. Esses *bends* são muito mais difíceis de executar do que os *bends* mais comuns na corda Si, no entanto eles têm um som distinto, que faz a guitarra gritar.

É importante manter-se atento às posições do sistema CAGED, assim esses licks podem ser transpostos para outras partes do braço. As duas primeiras batidas ajustam-se no desenho de A, com um *bend* da sétima menor para a tônica e com a terça na corda Si. As batidas 3 e 4 descendem para o desenho de E, seguidas por uma resolução no desenho de G, no segundo compasso. O lick então termina com um *double-stop* no desenho de C.

Exemplo 17d:

O último lick tem uma influência de western swing. Observe o uso das notas G# (sétima) e G (sétima menor) no primeiro compasso, que realmente chamam a atenção, conforme você descende do desenho de A para o de C.

Como o acorde muda para D, as sextas são empregadas nas cordas Sol e Mi (1ª corda) e conectadas por notas de passagem cromáticas na corda Sol. Toque as notas da corda Sol com a palheta e toque as notas da corda Mi (1ª corda) com o dedo 2.

O lick resolve no acorde de G, ao tocar-se a terça e a tônica do acorde de G com o desenho de E.

Exemplo 17e:

Capítulo Dezoito: Roy Nichols

Nascido em Arizona, EUA, em 1932, Roy Nichols foi um dos mais antigos e habilidosos na guitarra country, tendo influenciado milhões de pessoas, junto com Merle Haggard, com o qual ele tocou por 22 anos. Ele foi importante na difusão do barkersfield sound, junto com músicos como Buck Owens e Don Rich.

Nichols começou a tocar profissionalmente com cerca de 16 anos, ganhando uma reputação na cena musical pelo seu dedilhado fluido e *bends* do tipo guitarra pedal steel. Há algumas gravações desse período, notavelmente o seu trabalho com o Maddox Brothers & Rose, mas a partir de 1965 o seu principal trabalho foi com Merle Haggard. Ele já apareceu em créditos em mais de 40 trabalhos, incluindo 19 músicas próprias. Além disso, a sua música Street Singer foi gravada por Merle e indicada ao Grammy.

Roy nunca foi um líder de banda nos seus próprios álbuns, o que é uma pena, mas ele possui alguns solos icônicos com Merle, nos quais ele frequentemente se sentia livre para mostrar o seu estilo influente.

O estilo de Roy certamente não oferecerá os desafios técnicos de estilos de outros guitarristas como Brent Mason, mas é um estilo que veio décadas antes de os guitarristas de shredding aparecerem. Por causa disso, o estilo melódico de Roy, com excelentes *bends* e notas interessantes, é de fácil assimilação, mas difícil de dominar.

Cada um desses licks baseia-se no acorde de G e utiliza as notas do modo mixolídio de G (G, A, B, C, D, E, F), as quais são adicionadas ao redor da pentatônica maior de G (G, A, B, D, E), com notas adicionais de passagens cromáticas e notas de aproximação.

A primeira nota começa com uma ideia repetitiva ascendente na escala pentatônica maior de G ao redor do desenho de E. Ela deve ser executada com a palhetada alternada nas colcheias, para permitir que a ideia seja executada em velocidades mais rápidas.

A segunda metade do lick continua no desenho de E, utilizando a nota Bb como nota de aproximação da nota B, na corda Sol. Em seguida, há um padrão descendente de jazz, com a sétima menor (F) e a sexta (E).

Exemplo 18a:

Aqui está uma ideia que começa de forma similar, mas que vai em outra direção conforme o lick se desenvolve. Dessa vez, tocar a quinta diminuta (Db) e a terça menor (Bb) implica um som blues da escala blues de G.

O compasso três apresenta uma parte importante da abordagem de Roy às notas mais jazz, na qual se deve tocar as notas de aproximação cromática e fazer-lhes *slides* de um semitom acima. Nesse caso, há um *slide* da nota Db para a D (quinta diminuta para a quinta).

O último compasso apresenta uma nota de aproximação cromática com relação à F#. Essa última é tocada entre a nota F (sétima menor) e a G (tônica).

Exemplo 18b:

O terceiro lick começa com um fragmento melódico similar, mas em uma oitava acima, com o desenho de A. Dessa vez, com a nona menor (Ab) como nota de aproximação, na qual é feita um *slide* para a nona (A).

O segundo compasso apresenta mais *slides*, com a nota F# (uma nota fora da escala) e então a E (uma nota da escala). É a continuidade desses licks nas batidas fortes que ajuda a lhe dar a sua consistência.

A segunda parte do lick se parece muito com a escala blues de E, mas a utilização da nota Ab sobre o acorde de G resulta no som resoluto da nona menor (b9). Tal utilização demonstra confiança com o vocabulário de jazz.

Exemplo 18c:

O próximo lick apresenta mais usos das notas Bb (terça menor) e Ab (nona menor), no primeiro compasso ao redor do desenho de E, seguidas por movimentos entre a sexta (E) e a sexta menor (Eb), com notas agudas em staccato para chamar a atenção.

O próximo compasso continua com colcheias melódicas na escala pentatônica maior de G e com o movimento da terça menor para a terça, já abordado diversas vezes.

O último compasso ascende até o arpejo de G7 e termina com a sexta (E). Nesse lick, o aspecto a ser focado é o som característico da sexta (E), como o encontrado na escala pentatônica maior, e o som mais sombrio da sétima menor (F), como o encontrado no acorde de sétima dominante no modo mixolídio.

Exemplo 18d:

O último lick também se baseia no desenho de E e utiliza as mesmas notas de fora da escala, já vistas nos exemplos anteriores.

O que torna esse lick diferente é a utilização de ritmos mais sincopados nos compassos dois e três. Nesse cenário em particular, mostrei como Roy poderia ter utilizado a escala blues para ajustar-se ao som dos seus contemporâneos do rock, utilizando *bends* nas semínimas e *hammer-ons* nas notas ornamentais.

Exemplo 18e:

Capítulo Dezenove: Steve Wariner

Nascido em Indiana, EUA, em 1954, Steve Wariner é um dos quatro músicos agraciados com o título de CGP (Certified Guitar Player), entregue por ninguém menos que Chet Atkins. Os outros agraciados foram Jerry Reed, John Knowles e Tommy Emmanuel. Logo, ele não deve ser subestimado!

Quando jovem, Steve foi influenciado por George Jones, Chet Atkins e mais tarde Glen Campbell. Após tocar profissionalmente e realizar turnês com muitas bandas, ele teve a sua grande chance, quando Chet Atkins lhe conseguiu um contrato com a RCA Records, em 1976.

Após lançar o seu álbum autointitulado em 1982, ele alcançou maior sucesso com o lançamento do single All Roads Lead to You, que alcançou a 1ª posição nas paradas musicais. Nele havia uma influência inegável de Glen Campbell e do estilo Nashville sound, que Merle Haggard e Buck Owens já detestavam há muito tempo. Mesmo com muita guitarra no álbum, as músicas são bem produzidas e apresentam muitos arranjos de cordas.

Em 1991, o décimo álbum de Steve, I Am Ready, foi o seu primeiro álbum a ganhar o disco de ouro, com 500.000 cópias vendidas. Esse álbum é sonoramente oposto ao seu álbum de estreia e foca mais na guitarra e no uso de ruidosas partes rítmicas (sem cordas!).

Do ponto de vista da técnica da guitarra, o álbum instrumental de 1996, No More Mr. Nice Guy, é um bom ponto de partida para começar a estudar o estilo de Steve. Ele o apresenta como uma máquina na palhetada, com uma expressão única no instrumento, baseada grandemente no tom "strato" do estilo de Albert Lee, em vez de sonoridades mais tradicionais com a Telecaster, presente na música dos seus contemporâneos. Utilizar os captadores da ponte e do meio da guitarra, combinados com suficiente compressão e drive para tornar o tom interessante, sem perder a sonoridade limpa, fará com que você se aproxime do tom de Steve.

O primeiro lick apresenta rápidas semicolcheias sobre o acorde de A, utilizando as notas do modo mixolídio de A, com a terça menor (C) extra como nota de aproximação da terça. Você pode ter notado o uso do arpejo de Em7 (E, G, B, D) na última batida do compasso um. Esse uso de substituição de arpejos demonstra uma sofisticada e suave influência de jazz.

Com relação às posições, a ideia ajusta-se no desenho de E em sua maior parte, com uma breve visita ao desenho de D, próximo ao fim do primeiro compasso, e então termina ao redor do desenho de C.

Exemplo 19a:

O segundo lick é tocado sobre o acorde de G, mas parece a pentatônica menor de E com o desenho de E e utiliza as notas da pentatônica maior de G com o desenho de G.

Como no lick anterior, essa ideia utiliza semicolcheias para manter um som rápido em um tempo lento. As coisas realmente ficam mais difíceis no segundo compasso, com *pull-offs* nas fusas que adicionam excitação.

Como nos exemplos anteriores, utilize os dedos 2 e 3 para tocar os *double-stops*, enquanto utiliza a palheta para tocar as notas na corda Ré. Essa forma de utilizar a palhetada híbrida é uma técnica padrão nos músicos de country.

Exemplo 19b:

Aqui está outra ideia utilizando a escala pentatônica maior, mas dessa vez em E, com a adição da terça menor (G).

A diferença entre essa ideia e a passada é que essa ideia desce no braço da guitarra, em uma posição por vez. Esse lick, uma verdadeira aula sobre mudanças de posição, começa com o desenho de G, descende para o desenho de A na terceira batida e vai finalmente para o desenho de E (posição aberta) próximo ao fim do segundo compasso.

Definitivamente, há nesse lick a influência de Albert Lee, especialmente no tom, mas como já mencionado é difícil ignorar a influência de Albert Lee sobre outros músicos do gênero.

Exemplo 19c:

O exemplo a seguir ajusta-se na escala pentatônica maior de G do exemplo 19b, mas dessa vez com a quarta (C) adicionada na corda Si. Como em muitos dos licks de Steve, essa ideia é tocada rapidamente, portanto tente executar com consistência a palhetada alternada, utilizando a palhetada para baixo nas semicolcheias 1 e 3, de um grupo de quatro notas, e a palhetada para cima nas notas 2 e 4 do grupo.

A segunda metade do lick descende no braço com repetidos *bends*, da nota B até C# na corda Sol, e com a nota C# sendo palhetada duas vezes na corda Si. Em seguida, o lick move-se para baixo para a escala de G maior, seguido por uma resolução no acorde de D, com um *bend* do tipo guitarra pedal steel, no desenho de G.

Exemplo 19d:

O último lick seleciona uma ideia simples com o modo mixolídio e a move para baixo no braço por três acordes de sétima dominante diferentes. Primeiro o C7, depois o Bb7 e então o A7. Apesar de existirem diferentes formas de executar esse lick, a palhetada alternada renderá os resultados mais consistentes.

O último compasso finaliza a ideia com um final simples, algo muito comum no country.

Licks como esse podem ser usados sobre essas mudanças de acordes, no entanto eles também funcionam como uma abordagem sobre o acorde estático de A7.

Exemplo 19e:

Capítulo Vinte: Vince Gill

Nascido em Oklahoma, EUA, em 1957, Vince Gill é o guitarrista e cantor quintessencial do country, tendo recebido vinte Grammys durante toda a sua carreira esplendorosa de mais de 40 anos.

Vince Gill cresceu em uma família que tinha paixão por música, o que fez com que ele aprendesse guitarra, baixo, bandolim, dobro e rabeca. Além disso, ele já mostrava aspiração a cantar e compor. A sua estreia, profissionalmente falando, veio quando ele tinha 22 anos de idade, com a sua participação no álbum Can't Hold Back de 1979, da banda Pure Prairie League.

Em 1984, Vince lançou o seu álbum de estreia, Turn Me Loose, pela RCA Records, mas nenhuma música alcançou uma posição melhor do que 38° nas paradas. Foi o seu terceiro álbum, When I Call Your Name, de 1989, que fez Vince alcançar um sucesso maior, com o álbum tendo alcançado a posição n° 2 na US Billboard Top Country Albums e recebido o disco de platina duas vezes. O álbum seguinte, Pocket Full of Gold, é um bom ponto de partida, visto que ele mostra um artista com apoio total da gravadora, o que resultou em músicas excelentes, como Liza Jane, e uma técnica na guitarra impressionante.

Até o momento, Vince já gravou quase 20 álbuns próprios, incluindo alguns álbuns solo fantásticos, além de gravações com outros artistas como Olivia Newton-John e com a banda de western swing, The Time Jumpers, de Nashville. O álbum de estreia e autointitulado da banda é excelente e apresenta alguns ótimos exemplos de Vince tocando em um cenário mais jazz.

O estilo de Vince é abrangente, visto que ele se sente tão confortável no outlaw e no bakersfield sound, como no soul e no western swing. Ele é conhecido por utilizar uma Fender Telecaster de 1953, que ele comprou por 450 dólares. Ele a tem utilizado desde 1980. Um dos seus truques favoritos é desligar o controle de tonalidade da guitarra para remover a alta frequência do som, sem perder a claridade da nota. Isso ajuda muito, quando se está tocando no captador da ponte.

O primeiro exemplo mostra como Vince mover-se-ia da parte de baixo do braço para a parte mais alta, sobre o acorde de A.

O lick apresenta uma série de *bends* na corda Sol, notas repetidas na corda Si e um movimento ascendente para a posição aberta com o desenho de G. A melhor forma de não se perder é tocar as notas E, G, A e B na corda Si e então tocar as notas com *bend* em duas casas acima.

O lick termina com um movimento descendente do desenho de G para o de A, com *double-stops*. Como usual, os *double-stops* devem ser executados com os dedos 2 e 3, enquanto se usa a palheta na corda Ré.

Exemplo 20a:

O segundo lick delineia o acorde de A, com a utilização das notas da escala pentatônica maior de A e *bends* polidos no estilo da guitarra pedal steel. Vince conhece os guitarristas de pedal steel, pois já tocou com Paul Franklin.

O segundo compasso começa com um *bend* da quinta para a sexta, em contraste com a tônica, no desenho de G, e rapidamente desce no braço através dos desenhos de C e D, até terminar no desenho de E.

Como acontece com muitos licks desse livro, o que coloca essa ideia em um local separado das ideias sem inspiração é uso de notas que não são da escala. Nesse caso, a relação D#/Eb no quarto compasso é mais interessante do que a nota D que você esperaria, se você estivesse tocando as notas do modo mixolídio de A.

Exemplo 20b:

O lick a seguir baseia-se no acorde de E e move-se entre três posições distintas.

O lick começa com o desenho de E, com alguns belos e curtos *double-stops*, e descende para o desenho de G no segundo compasso. Para executar essa mudança, vá para a 10ª casa com o dedo 2, o que lhe permite fazer um *slide* ascendente, e toque a corda G com o dedo 1.

A segunda metade do lick apresenta uma ideia clássica que executa um movimento descendente na escala country de E e termina com um *slide* descendente para o desenho de A. É importante executar os *pull-offs* e *slides* nos lugares corretos, para assimilar corretamente a articulação necessária.

Exemplo 20c:

Outro aspecto do estilo de Vince que vale a pena observar é o uso dos *pull-offs* com cordas soltas durante as mudanças de posição.

O lick é tocado sobre o acorde de G, e um pouco de cromatismo básico é utilizado com base na escala pentatônica menor de G, seguido por um *slide* ascendente até a 7ª casa. Então a nota da 5ª casa na corda Sol é tocada com o dedo 2, seguida por um *pull-off* para a corda Sol solta. Então, todo esse processo é repetido, porém em duas casas abaixo. Isso funciona bem, porque enquanto as notas digitadas mudam, a nota aberta continua a mesma e ajuda a manter o lick na tônica, na tonalidade de G.

O lick termina com um *slide* ascendente para a terça, seguido pela tônica. Nessa parte, o lick é tocado com o desenho de C.

Exemplo 20d:

O último lick leva a ideia anterior a outro nível, ao movê-la para baixo no braço, do desenho de G para o de D. A melhor forma de abordar essa ideia é se perguntando como cada nota se relaciona com a tonalidade de G. Primeiro, temos a terça e a tônica, depois: a segunda e a sétima menor, a tônica e a sexta, a sétima menor e a quinta, e finalmente a sexta e a quarta.

Ideias como essa são excelentes, mas são específicas para cada tonalidade. Logo, é possível fazer a mesma coisa com A, mas a corda Sol solta terá o som mais sombrio da sétima menor. Executar esse tipo de ideia em F# é quase impossível. No entanto, como a corda Sol solta soa horrível, ideias com cordas soltas podem ser uma faca de dois gumes.

O lick termina com uma simples, porém linda, ideia ascendente baseada na escala country de G, com o desenho de C. Para manter as coisas interessantes, adicionei notas cromáticas consecutivas na corda Mi (1ª corda).

Exemplo 20e:

Capítulo Vinte e Um: Whit Smith

Nascido em Greenwich, Connecticut, EUA, Whit Smith ganhou reputação como parte do movimento de renascimento do western swing em 1998, quando a sua banda, The Hot Club of Cowtown, lançou o seu álbum de estreia, Swingin' Stampede.

Whit cresceu em uma família musical e com 10 anos de idade já estava tocando em bandas de rock, inspirado pelos seus heróis, Eddie Van Halen, Jimmy Page e Keith Richards. Ele estudou com muitas pessoas, a mais notável delas sendo o sideman de Chick Corea, Bill Connors.

Finalmente, ele se mudou para Nova York e, como trabalhava em uma loja de discos, ficou familiarizado com o som contagiante do western swing de artistas como Bob Wills e Milton Brown. Isso o levou ao caminho do jazz, e ele começou a estudar a música de Django Reinhardt mais a sério.

Nessa época, ele encontrou Danny Gatton, que lhe guiou na direção dos músicos que preferiam o jazz. Além disso, Richard Lieberson ajudou Whit a mergulhar em suas novas paixões, ao ensinar-lhe sobre música e sobre a evolução dos músicos, de 1927 a 1947.

O próximo passo foi ir para Austin, Texas, para tocar com o Hot Club of Cowtown. A banda foi um sucesso e até o momento o grupo já lançou 13 álbuns. Whit também gravou um álbum solo: um dueto com Matt Munisteri. Ademais, ele lançou um álbum excelente com Bruce Forman e Rich O'Brien.

Com relação ao seu som, Whit tenta ser tão autêntico quanto possível. Enquanto guitarristas de swing mais antigos, como like Eldon Shamblin, gostavam de experimentar guitarras elétricas de corpo sólido, Whit tem uma coleção de Gibsons L5, anterior aos anos 30, e utiliza uma Gibson L5 de 1946, quando está na estrada. Nenhuma dessas guitarras veio com captadores de fábrica, mas na Gibson L5 de 1946 foi incluído um captador, antes de ele a comprar. Inclusive, a modificaram para adicionar um *cutaway*!

Enquanto muitos lick abordados nesse livro baseiam-se em acordes maiores, na maior parte está implícito que eles são acordes de sétima dominante. O estilo de Whit é mais baseado no jazz, portanto, quando ele vê um acorde maior, ele provavelmente irá tratá-lo como um acorde maior. Assim, em vez de utilizar o modo mixolídio de C (C, D, E, F, G, A, Bb), Whit provavelmente prefere tocar a escala pentatônica maior de C (C, D, E, G, A) ou a escala de C maior (C, D, E, F, G, A, B). A diferença entre B e Bb faz toda a diferença.

O primeiro lick utiliza a escala pentatônica maior de C, no desenho de E, com a terça menor adicionada (Eb) como nota de aproximação de D no segundo compasso.

O lick é tocado nos compassos um e dois e então repetido nos compassos três e quatro, porém com uma leve variação no final.

Exemplo 21a:

O próximo lick apresenta alguns arpejos descendentes tocados em duas cordas. As batidas 1 e 2 contém a tríade de Em (E, G, B), a qual é movida em um semitom abaixo, Ebm (Eb, Gb, Bb), e novamente movida em mais um semitom abaixo, Dm (D, F, A). Essa abordagem de selecionar uma ideia musical e movê-la para baixo cromaticamente é uma ótima forma de adicionar um sabor jazz ao seu som.

A ideia com arpejo então resolve no acorde de C maior, com o desenho de C. Em seguida, surge uma ideia na pentatônica maior de C, com uma terça menor (Eb) extra, com o desenho de E.

Exemplo 21b:

O terceiro lick foca no ritmo, com notas com fortes staccatos no primeiro compasso e ritmos simples com notas da tríade de C maior (C, E, G).

Os dois últimos compassos apresentam tríades básicas, porém com notas de passagem cromáticas. A ideia começa com a tríade de C maior, que aborda a nota E a partir de Eb. Em seguida, uma tríade de G maior (G, B, D) é tocada, mas a nota E do acorde de C e a nota D do acorde de G são conectadas pelo Eb na corda Mi (1ª corda).

A ideia então resolve em outra tríade de C maior. Um final perfeito para um lick de swing!

Exemplo 21c:

O penúltimo lick apresenta notas interessantes sobre o acorde de C6. Logo, comece com um *hammer-on* da quinta (G) para a sexta (A). Em seguida, toque a sexta e faça um *slide* de um semitom abaixo para a quarta aumentada (F#).

Essa ideia é então repetida, mas em um grupo mais baixo de cordas. Uma nota do acorde de C é tocada (E) e então é feito um *hammer-on* para a próxima nota da escala (F). Faça um *pull-off* e um *slide* descendente em um semitom abaixo da nota do acorde (Eb).

O terceiro compasso contém os arpejos de F#m7b5 e Em7 que resolvem na tônica de C.

Exemplo 21d:

O último exemplo deixa implícito muitos sons levemente diferentes sobre o acorde de C.

O primeiro compasso contém apenas as notas da escala pentatônica maior de C. No segundo compasso, há a presença da quinta aumentada, que cria o som da tríade aumentada de C. O compasso substitui a nota G# pela sexta (A), o que cria o som do C6. O lick lhe dá um som mais íntimo no primeiro compasso, seguido por um som mais temperado no segundo compasso e então, novamente, um som mais íntimo surge no compasso três. Todos eles são ligados por uma bela melodia cromática ascendente.

O último compasso alcança a nota Bb (sétima menor) e resolve na nota C, através do movimento da terça menor para a terça.

Exemplo 21e:

Capítulo Vinte e Dois: Transpondo Licks

Agora que você já aprendeu uma boa seleção de licks, é hora de descobrir como você pode utilizá-los. Por um lado, a parte chata de aprender licks é que você está aprendendo o vocabulário de outra pessoa, mas por outro lado é importante ter um entendimento de como o estilo de um artista funciona. A maioria dos livros comuns sobre licks é excelente para ensinar-lhe o vocabulário, mas frequentemente deixa a desejar sobre a utilização dos licks. Portanto, nesse livro há tudo o que você precisa saber para fazer com que os licks trabalhem para você.

Por questão de autenticidade, os mais de 100 licks desse livro estão na tonalidade original que o guitarrista utilizou para gravá-los. No entanto, o que faremos aqui é selecionar seis licks e transpô-los (mudar a sua tonalidade) para a tonalidade de A.

Isso é uma habilidade extremamente útil, visto que de quando em quando você pode ouvir um lick excelente em uma tonalidade incomum. Você não gostaria de estar limitado somente a tonalidade de Eb, por exemplo, especialmente se você estiver gravando uma faixa em A, na qual um lick em A poderia funcionar.

Como explicado no primeiro capítulo, cada lick nesse livro está sendo descrito em relação aos desenhos de acordes do sistema CAGED. Isso torna extremamente fácil a transposição de qualquer lick em uma tonalidade que lhe seja útil.

Como primeiro exemplo, aqui está um dos licks de Roy Nichols (Exemplo 18a).

Exemplo 22a:

A ideia começa ao redor do desenho de E, com pestana na 3ª casa, na terça do acorde (B).

Transpor essa ideia é simples: basta utilizar o desenho com pestana de E e "movê-lo" para que ele se torne o acorde de A. Nesse caso, isso acontece na 5ª casa. A partir daqui, você deve ser capaz de "ver" o lick, com base no desenho do acorde, da mesma forma que você o aprendeu anteriormente. Portanto, mova-se para a terça (C#) e execute a digitação feita anteriormente.

As notas mudaram, mas o padrão e o desenho (ou mais importante, os intervalos) continuam os mesmos!

Exemplo 22b:

Aqui está um dos licks de Albert Lee (Exemplo 2c), que possui a tonalidade original em E.

Exemplo 22c:

Quando se estuda o lick original, vê-se que ele é tocado com o desenho de G (com as notas da 9ª casa, nas cordas Ré, Sol e Si, sendo tocadas com o dedo 1). Logo, para mover esse lick para a tonalidade de A, basta mover o desenho da tríade para A para a 14ª casa.

A partir daí, as outras mudanças de posição são feitas facilmente, visto que elas estão relacionadas aos desenhos dos acordes, em vez da tonalidade na qual o lick foi aprendido.

Exemplo 22d:

Esse é um pequeno, porém excelente lick na pentatônica maior de E, tendo como base o lick do capítulo sobre Steve Wariner (exemplo 19c).

Exemplo 22e:

Como no lick anterior, esse também começa com o desenho de G. Eu me localizo no lick ao observar a nota da 12ª casa, na corda Mi (1ª corda), ser tocada com o dedo 4. Assim, mover esse lick para a tonalidade de A significa movê-lo para A na 17ª casa. Isso significa que o *bend* começa na 16ª casa, em vez de começar na 11ª casa.

Para fazer com que esse lick funcione na tonalidade de A, fiz um pequeno ajuste no fim da peça, visto que no lick original se utiliza a corda Mi (6ª corda) solta. Em vez disso, toco a nota A na corda Ré.

Exemplo 22f:

Aqui está um dos licks de Danny Gatton (exemplo 7c), tocado sobre o acorde de E na posição aberta.

Exemplo 22g:

Apesar de esse lick estar na posição aberta, ele é baseado em um acorde do CAGED, o acorde aberto de E! Portanto, mover o lick para a tonalidade de A, significa movê-lo para a 5ª casa.

Com a tônica na 5ª casa, na corda Mi (6ª corda), a primeira nota (C) está agora na 8ª casa, na corda Mi (1ª corda).

Você notará que eu ajustei um pouco a articulação. Isso torna o lick mais fácil de ser tocado.

Exemplo 22h:

Aqui está uma das frases mais jazz de Brad Paisley (exemplo 3d), originalmente na tonalidade de G.

Exemplo 22i:

Esperamos que agora esse processo esteja se tornando automático para você.

O próximo lick é originalmente tocado sobre o acorde de G, com o desenho de G. Você pode localizar-se ao digitar a corda Mi (1ª corda) com o dedo 4.

Mova o padrão para A (17ª casa) e o lick estará transposto para a tonalidade de A. É realmente algo simples.

Exemplo 22j:

O último exemplo foi tirado do capítulo sobre Jerry Donahue (exemplo 12e) e apresenta alguns incríveis *bends* na tonalidade de E.

Exemplo 22k:

Esse lick apresenta algumas dificuldades, visto que uma ideia com cordas soltas é muito mais difícil de transpor para a tonalidade de A.

Logo, abordo esse lick em duas partes. A última parte é tocada com o desenho de A (que tem a tônica na 7ª casa, nota A, digitada com o dedo 4), para que se possa movê-la para cima para que o dedo 4 fique na nota A, na 12ª casa, na corda Lá.

Na parte do lick com cordas soltas, utilizei a mesma abordagem, ao tocar a corda Lá solta e realizar um movimento descendente na escala e utilizar cordas soltas sempre que possível.

Você pode ter notado que o *bend* atrás da pestana é diferente também. Isso acontece porque o *bend* está indo para as notas de um acorde aberto de A e não para as notas do acorde aberto de E.

Exemplo 22l:

Agora, observe outros licks nesse livro e tente transpô-los para outras tonalidades. O céu é o limite. Quanto mais você pratica a transposição, mais fácil ela se torna.

Capítulo Vinte e Três: Mudando o Contexto

Agora, você já deve ter aprendido a transpor licks para outras tonalidades. A última habilidade é ser capaz de adaptar a qualidade dos licks, para que eles funcionem em qualquer tonalidade... e em qualquer contexto.

Mas, o que isso significa exatamente?

Apesar de muitas músicas no country utilizarem os acordes maiores (como o C maior), isso não significa que você não encontrará outros tipos de som. Se você tem um lick em C maior, faz sentido que você possa adaptá-lo para funcionar com os acordes de C menor, C7 e Cmaj7, ou com qualquer outro acorde que surja.

Como exemplo, aqui está o começo de um compasso de blues de 12 compassos, mas que é tocado da forma que um guitarrista de western swing o abordaria.

Exemplo 23a:

É possível olhar para o lick e imaginar que os primeiros três compassos estão na tonalidade de C, enquanto que o quarto compasso está de fato na tonalidade de F (o C7 sendo o acorde de grau V na tonalidade de F). No entanto, acredito que essa abordagem "centrada no tom" não produz resultados eficientes em solos, visto que tocar um lick genérico na tonalidade de F sobre o acorde C7 não soa muito bem.

Para demonstrar essa ideia, aqui está o exemplo 5d (um lick de Don Rich), transposto para a tonalidade de F. Tecnicamente ele se "ajusta", mas não soa muito legal. Ele soa como se estivesse na tonalidade de F, porque de fato ele está nessa tonalidade. Ele não funciona sobre o C7.

Exemplo 23b:

Consegue-se uma forma mais efetiva de solar, quando se tem um entendimento sobre o quê o acorde de C7 é e como ele difere dos acordes de C maior, C6 ou Cmaj7. Com esse conhecimento, é fácil fazer pequenos ajustes no vocabulário musical que você já possui para fazê-lo funcionar onde seja necessário.

Quando se vai solar sobre o acorde de C maior, é justo imaginar que o uso da escala de C maior (C, D, E, F, G, A, B) fará com que o solo soe bem. Quando você harmoniza essa escala, você cria o acorde de Cmaj7 (C, E, G, B), logo a escala de C maior é perfeita para incorporar o acorde de Cmaj7.

O problema do acorde maior com sétima é que ele soa um pouco jazz, assim frequentemente o acorde de C maior é estendido para o C6 (C, E, G, A), visto que a sexta tem um som doce, sem ser tão jazz.

Por essa razão, guitarristas de country frequentemente tocam a escala pentatônica maior sobre acordes maiores. A escala pentatônica maior de C (C, D, E, G, A) contém a tônica, a segunda, a terça, a quinta e a sexta. Ela soa como o acorde de C6, visto que contém a sexta, mas não possui a sétima. Isso tem o benefício adicional de fazer com que qualquer lick nessa escala funcione com o Cmaj7 e C7, visto que a escala não contém as notas B e Bb, contidas nesses dois acordes.

Como exemplo, aqui está um lick simples que utiliza a escala pentatônica maior de C.

Exemplo 23c:

Apesar de ele soar excelente, ainda é possível alterá-lo levemente para melhor incorporar o acorde de Cmaj7. O exemplo a seguir utiliza a ideia anterior, mas você notará que a sétima (B) é utilizada no lugar da sexta.

Essa mudança de nota não acontece o tempo todo, mas quando surge cria um excelente interesse melódico.

Exemplo 23d:

A mesma ideia é apresentada, mas agora a sétima menor (Bb) é utilizada no lugar da sétima (B). Isso resulta num som muito mais obscuro, uma vez que cria a tonalidade do C7.

Exemplo 23e

Aqui está um lick diferente baseado na escala pentatônica maior de C. Ele funcionaria bem sobre os acordes de C major, C6, Cmaj7 e C7, porém se ajusta melhor com o acorde de C6.

Exemplo 23f:

Agora, a mesma ideia foi adaptada para incluir a nota B. Logo, o lick não funcionará com o acorde de C7, visto que a nota B na melodia entra em conflito com a nota Bb do acorde. Apesar de o lick ainda funcionar bem com o C6, ele definitivamente funciona melhor com o Cmaj7.

Exemplo 23g:

Agora, a ideia anterior foi adaptada para incluir o acorde de C7. A nota Bb (sétima menor) fornece ao lick uma identidade única.

Exemplo 23h:

Finalmente, aqui está uma ideia básica desenvolvida para delinear sequencialmente os acordes de C maior, Cmaj7, C6 e C7, seguidos por uma resolução em F7 (como seria esperado no blues).

Exemplo 23i:

É possível aplicar a mesma lógica a outros acordes.

Se o acorde de C7 contém as notas C, E, G e Bb, e o acorde de Cm7 contém as notas C, Eb, G e Bb, significa que selecionar licks com o C7 e diminuir a terça em um semitom resultaria em um lick que soaria muito bem sobre o acorde de Cm7.

Aqui está um lick tocado sobre o acorde de C7, com o desenho de C.

Exemplo 23j:

A seguir, a mesma ideia é tocada, porém adaptada para incluir as notas Eb no lugar das notas E.

Há outras formas de se fazer isso, o lick não tem rigidez matemática. Talvez você precise experimentar com essas ideias para fazê-las funcionar, e é a experimentação que lhe ajudará a desenvolver o seu ouvido.

Exemplo 23k:

Com a utilização desse método, o céu é o limite quando você for aprender qualquer lick. Se um lick funciona com o acorde C7, seria possível adaptá-lo para funcionar com o C6?

Esse método também ajuda a treinar o seu ouvido. Quando estiver ouvindo um grande guitarrista solar, você será capaz de ouvir a diferença de cada um dos sons sutis, igual aos próprios guitarristas que estão tocando. Além disso, você entenderá por que um lick soa do jeito que soa.

Capítulo Vinte e Quatro: Solo de Country Rock

Agora que você já aprendeu muitos licks de country, eu compus alguns solos utilizando exclusivamente o vocabulário utilizado nesse livro, para que você possa ver como é possível desenvolver esses licks, para torná-los únicos.

O primeiro exemplo é uma faixa de country rock em A.

Antes de abordarmos o solo, aqui está a parte rítmica transcrita completamente, para que você possa assimilar a faixa. Eu abordo essa forma de tocar guitarra rítmica no meu livro, Guitarra Country Para Iniciantes, mas se você já tem alguma experiência no estilo, você não deve encontrar problema algum.

O riff principal é tocado sobre o acorde de A, nos primeiros quatro compassos. Em seguida, a ideia é transposta para D, por dois compassos, e então retorna à A nos outros dois compassos.

Nesse ponto, você pode pensar que a faixa parece um blues. Logo, para misturar um pouco as coisas, a ideia retorna a D por dois compassos e depois ascende para o acorde de E. Nesse ponto, a pausa permite que você toque umas poucas notas e se destaque quando estiver solando.

Para terminar, a ideia retorna para o acorde de A por quatro compassos. Essa forma básica pode ser repetida, enquanto o solo acontece.

Exemplo 24a:

O solo começa com uma ideia de Don Rich (exemplo 5d), transposta em um tom acima para funcionar sobre o acorde de A.

Exemplo 24b:

Como a mudança de acordes leva a D, utilizei um lick de Brent Mason (exemplo 4d), visto que ele começa próximo da área do braço da guitarra, onde o último lick terminou.

Isso é algo importante para levar em consideração quando se for solar, uma vez que nada soa tão artificial como se mover no braço tocando ideias que não se conectam umas às outras. Quando o acorde de A retorna, vou para um dos licks de Danny Gatton (exemplo 7d), que é outro lick transposto para incorporar o acorde.

Exemplo 24c:

Aqui, decidi adicionar um pouco de agitação e desenvolvi o solo com uma ideia que utiliza semicolcheias.

A primeira dessas duas ideias vem de outro lick de Danny Gatton (exemplo 7a), mas transposto para incorporar o acorde de D.

Exemplo 24d:

A partir daqui, eu quis continuar com o ritmo das semicolcheias, porém o lick que eu queria tocar era uma ideia de Albert Lee em colcheias (exemplo 2c). Além disso, eu queria que o lick terminasse na 7ª casa na nota E. Assim sendo, apenas dupliquei a velocidade das colcheias, tornando-as semicolcheias.

Esse tipo de variação rítmica é outra forma de desenvolver um lick e colocar nele a sua marca.

Exemplo 24e:

O último lick retorna ao ritmo em colcheias, com um lick de Johnny Hiland (exemplo 15a), transposto para ajustar-se à tonalidade de A.

Também adicionei um final à frase, que é outro aspecto importante na utilização dos licks. Lembre-se que eles não são imutáveis. Não é necessário tocá-los exatamente nota por nota. Você pode tocar uma parte de um lick e, assim, levá-lo para qualquer lugar.

Exemplo 24f:

A backing track repete essa progressão algumas vezes, logo você pode tentar tocar esse solo. No entanto, experimente com algumas das outras ideias que você aprendeu.

Capítulo Vinte e Cinco: Solo de Country Boogie

O último capítulo desse livro leva tudo o que foi estudado ao extremo, utilizando licks desse livro e aplicando-os em um tempo rápido de country boogie.

O primeiro passo, para desenvolver os licks e o vocabulário necessários para executar a faixa, é aprender a progressão de acordes. A ideia básica foi inspirada da música de Albert Lee, Fun Ranch Boogie, porém eu a adaptei para funcionar em uma sequência de 32 compassos.

Nele consta uma parte básica da guitarra rítmica, para ajudar-lhe a aprender a progressão de acordes. Como dito no capítulo anterior, essa forma de tocar guitarra rítmica é abordada muito mais detalhadamente no meu primeiro livro, Guitarra Country Para Iniciantes.

Para aprender essa progressão corretamente, estude 8 compassos por vez.

Exemplo 25a:

O primeiro lick apresenta os acordes de E e A. Apesar de nenhum desses 100 licks ser tão específico como esse, é possível adaptar facilmente um lick para incorporar um acorde.

Para fazer isso, utilizei um dos licks de Albert Lee (exemplo 2a) e movi apenas o terceiro compasso para um grupo de cordas mais alto, para incorporar o acorde de A.

Exemplo 25b:

O próximo lick começa com o acorde de E maior e utiliza uma das ideias de Danny Gatton (exemplo 7c), porém tocada em colcheia, para ajustar-se à faixa.

Após dois compassos o acorde muda para o F# maior e B maior, assim eu escolhi continuar com a ideia de Danny, porém ajustei-a para incorporar os acordes corretos.

Exemplo 25c:

A próxima ideia começa com um lick de Albert Lee (exemplo 2b), seguido por uma transição para um lick de Brent Mason (exemplo 4b) e finalmente por um lick de Johnny Hiland (o terceiro compasso do exemplo 15a).

Após alguns anos tocando guitarra country, você perceberá que combinar fluidamente ideias como essa e adaptá-las é algo muito simples.

Exemplo 25d:

Esse lick ignora o acorde de B7, ao utilizar cores mais blues na sequência. O lick é uma das ideias de Redd Volkaert (exemplo 17b), porém tocada com colcheias, em vez de semicolcheias, que era o padrão rítmico original.

Exemplo 25e:

Na parte dois do solo, baseei-me bastante no vocabulário de Brent Mason (exemplos 4a e 4c). Apesar de eu não poder lembrar de qualquer exemplo de Brent tocando nesse conjunto particular de mudanças de acordes, é difícil não ouvir a faixa Hot Wired na melodia!

Exemplo 25f:

Para terminar a parte dois do solo e antes de retornar para a primeira parte, utilizei um lick de Hank Garland nos compassos um e dois (exemplo 10d), antes de adaptar um dos licks de Danny Gatton (a segunda metade do exemplo 7a), para acomodar os acordes de F# maior e B7.

Exemplo 25g:

No retorno para a primeira parte, utilizei o final de um lick de James Burton (exemplo 11a) para levar-lhe da 2ª casa na corda Ré até a corda Mi (6ª corda) solta.

Exemplo 25h:

O último lick utiliza mais ideias de Hank Garland (exemplo 10e), porém com as notas do modo mixolídio de E, seguidas por um final adaptado de um lick de Brent Mason (exemplo 4d).

Exemplo 25i:

Uma vez que você tenha aprendido esses licks, utilize a backing track e toque o solo completo. Ele não é fácil, mas lhe mostra quanta experiência você pode ganhar ao aprender licks. É perfeitamente possível transformar licks em ideias completamente novas. Todos nós utilizamos uma língua musical compartilhada, portanto não se sinta desconfortável. Como eles dizem: bons compositores tomam emprestado... grandes compositores assimilam as ideias!

Conclusão

Agora que você já possui uma grande seleção de licks no seu arsenal, a coisa mais importante é utilizá-los em cenários únicos.

É possível que você não possa imaginar como isso possa ser feito ou se isso é algo que os guitarristas de country "de verdade" fazem. Apesar de eu encorajar-lhe a ouvir os grandes do gênero, como Albert Lee e Brent Mason, você logo ouvirá ideias similares surgindo aqui e ali.

Como músicos, os nossos ouvidos são a nossa ferramenta mais valiosa. Portanto é extremamente importante ouvir tanta música country quanto possível, para que você possa internalizar o vocabulário do gênero.

Quando você tiver começado a ouvir esses tipos de licks em músicas, o próximo passo será transcrever as coisas que você ouve e aprecia. Transcrição pode significar muitas coisas para muitas pessoas, mas na realidade você não precisa fazer uma transcrição "completa" (ouvir as notas e escrevê-las todas no papel). Tudo o que você precisa fazer é trabalhar nas partes que você gosta! A ferramenta mais valiosa que eu posso lhe recomendar é um software chamado, adequadamente, de *Transcribe*!

Adquirir uma versão do *Transcribe* irá lhe permitir repetir a música, deixá-la mais lenta, mudar a sua a afinação, equalizá-la etc. Qualquer ferramenta que lhe permita ouvir mais detalhadamente os licks que você gosta e que lhe permita tocá-los na guitarra é uma ferramenta essencial. Essa é, honestamente, a forma mais rápida de desenvolver os seus ouvidos.

Como ponto de partida, aqui estão algumas recomendações de álbuns, nos quais você ouvirá centenas de licks que valem a pena ser transcritos.

Alan Jackson – The Greatest Hits Collection

Albert Lee – Live at the Iridium

Brad Paisley – Time Well Wasted

Brent Mason – Hot Wired

Buck Owens – The Very Best of Buck Owens - Vol. 1

Buddy Emmons – Amazing Steel Guitar

Chet Atkins – The Essential Chet Atkins

Ernest Tubb – Texas Troubadour

Hank Williams – The Best of Hank Williams

The Hellecasters – The Return of The Hellecasters

The Hot Club Of Cowtown – What Makes Bob Holler

Jerry Reed – The Unbelievable Guitar and Voice Of Jerry Reed

Keith Urban – Days Go By

Maddie & Tae – Start Here

Merle Haggard – The Very Best of Merle Haggard

The Time Jumpers – The Time Jumpers

Boa sorte na sua jornada, eu espero que você tenha gostado desses primeiros passos e desejo vê-lo novamente!

Levi Clay